関西かくし味

井上理津子
RITSUKO INOUE

ミシマ社

はじめに

「さすが関西！　みたいな店と人と味を、訪ねませんか」

と、朝日新聞大阪本社生活文化部のデスク、大出公二さんから電話がかかってきたのが始まりだった。

「美味しい、にはいくつもの要素がありますよね？」と大出さん。

「そうですね。値段が高くないこと。店の空気も大事だし」と私。

「その、トータルのレベルが高い手軽な店が見つかると、うれしいでしょ」

「うれしいです、うれしいです」

「主役は人だと思いませんか」

「ええ。作り手の思いが味に出ますよね」

などと話が続いた。そして、二〇一三年の四月から、あと二人の執筆者と交代で、朝日新聞大阪本社版夕刊の連載「味な人」がスタートした。

美味しい店を探せ。料理人に焦点を当てよ。メニュー一品から店全体が見えるように書け。と字数制限付きのミッションが与えられた。カメラマンにも「全てがわかる一カットを」と。途中から、デスクが石前浩之さん、さらに桝井《ますい》政則さんに変わっても、

「さながら腕利き料理人列伝に」

と引き継がれた。

ツボを押さえて紹介出来たかどうかは心もとないが、本書に掲載した店（人）の大半の初出が、この「味な人」である。

「お客として食べに行ったその日の夕方に、厨房に立っていた」と言う人（一〇一頁）、フグのことを「かいらしい」と目を細める人（一七七頁）、「高いのイヤやから、三百円で」と安く提供する人（七七頁）、「この町いいな」と遠いところから引っ越してきた人（一三五頁）……。面白い人だらけだ。


連載を見たミシマ社の二十代の編集者、新居未希さんがこう言った。

「なるほどなるほど。関西は〝うまい人〟でできてますね」

ほんまや、と思った。

「小商いは当たり前。誰でも行けて、誰でも食べることができる。けれども、なんか『うまい』。おもろい人、おいしいもんがたくさんあるから関西ですね」

新居さん、若いのにいいこと言わはる、と思ったら、さらにいいことを言ってくれた。

「脈々と流れる関西の地下水脈を、人で巡る本にしましょう」

人と味が出てくるエッセイも加えましょうとも言われて、書いた。

こうして出来上がったのが、本書である。

よいしょするわけではないが、そもそもの企画も、書籍化へのコンセプトワークも「おもろい人」に恵まれたために、晴れて一冊となった。

読者の皆さま、次はあなたの出番です。この本で「おもろい人」と「うまいもん」に出会ってください。「そうそう」と共感してもらえるか、「そこ、ちょっとちゃうんちゃう?」と突っ込まれるか。ドキドキです。

関西かくし味　目次

たこ焼
たこ焼
味

2 他分野からやってきました

3 変わらぬ味

4 遠い場所からやってきて

5 この街が好きだから

◎本書に登場する人たちの肩書き、年齢などは原則として朝日新聞掲載時（2013年4月〜2016年3月）のものです
◎メニュー料金は、原則として消費税（8%）込み価格で表記しています

1

ほかにはないぞ、このメニュー

長岡末治さん（57歳）
人は鷹揚、チーズは濃厚

デリチュース
大阪府箕面市

「三度の飯より菓子が好き」とケーキ職人になった。「お金もうけは二の次でいい」と、今日も穏やかな表情でキッチンに立つ

カマンベールのような、ゴーダチーズのような。濃厚で香り高いチーズの味を初めて口にし、ガツンとやられてから7、8年になる。以来、何人の友人知人に薦《すす》めたことか。

「皆から手放しの褒《ほ》め言葉が返ってくる」と言うと、「僕、酒も煙草《たばこ》もやらないし、味覚だけは自信があります」とにっこり。いつも小声。おっとりした口調である。

大阪・箕面《みのお》の住宅街に小さな店を構えたのが２００２年。名は体《たい》を表す。チーズケーキ「デリチュース」は、「デリシャス」を意味するイタリア語の店名と同じだ。テーブル席もある本店は優雅な空間となり、ＪＲ大阪駅とイセタンフードホール・ルクアイーレに支店もオープン（その後、シンガポールにも）、今やスタッフ60人の大所帯。だが味はブレず、鷹揚《おうよう》なお人柄も変わらない。

前職は、守口プリンスホテルのシェフパティシエ。故・松下幸之助氏にバースデーケーキを届け、「美味しかった」と礼状をもらった。原価無視の材料で要人用のケーキを作ってきたが、「同じレベルの味を他のお客さまにも提供したい」との思いに駆られた。「無謀にも独立」してくださってありがとう！　なのである。

卵は、三重県の山の中を駆け回っている鶏の産みたて。「チーズの王様」と称えられるフランス・ブリー地方モー村の白かびチーズ「ブリー・ド・モー」を熟成途中で直輸入し、湿度93％の熟成庫に2、3週間寝かせてから使っている。

父親が四国の田舎町の議員だった。人の出入りが絶えなかった実家が「原風景かな」。心からもてなしたいと、本店には自ら植えた花がいっぱい。向かいの公園にまで花を植え、「叱《しか》られるかと思ったら、市役所からお礼を言われた」そうだ。

デリチュース（ホール・小）1460円、1カット370円

デリチュース

大阪府箕面市小野原西6の14の22
電話：072-729-1222
営業時間：10:00〜20:00
定休日：毎週火曜（祝日の場合は営業）
アクセス：阪急千里線北千里駅より阪急バス・小野原南 下車すぐ

三輪裕三さん（61歳）
和洋の技を一杯に

千疋屋《せんびきや》
京都市上京区

「カツ丼をブイヨンで仕込んでみよう」と思ったのは、パリのホテルで修業した経験から

欧風ビーフカツ丼 1300円

白抜き文字で店名と「欧風料理」と記されたターコイズブルーのしゃれた看板が目印。クロスのかかったテーブル5卓に、窓からやわらかな日射しが差し込む、創業50余年の洋食店だ。名物「欧風ビーフカツ丼」を目当てにやって来た。

15分ほど待って現れたのは、デミグラスソースの合間からきつね色に揚がったカツレツと、見るからにふわふわのスクランブルエッグが顔を覗かせるお丼。

ベーコン入りのスクランブルエッグがちょっぴり甘い。シャリッとしたカツの衣と、やさしい味わいのデミグラスソース、サワークリームがフィット。軟らかい肉にチーズの味が混入しているぞ。あ、ご飯はサフランライスだ——と、いただきながら心の中で四の五の。妙味が口に広がり、お見事と膝を打った。

「カツ丼をブイヨンで仕込んでみようと思ったんですね」

店主・三輪さんは、このお丼の来歴を教えてくれた。「店を継ぐことが決まっていたから、親父に『外国に行かせてくれ』と頼んだんです」。19〜20歳のときにパリのヒルトンホテルの厨房で修業したのが伏線。ソースの煮込み方、肉の旨みの引き出し方も、見るもの触るものすべてが新鮮だった。牛肉にチーズを挟む料理も知った。パリ仕込みの技を応用し、凝縮したのが、このお丼だという。

ここ西陣は、機織《はたお》りの音が絶えない町だった。職工さんの夜食にも、親方らの会食にも重宝されてきた。着物の裏地を一疋《いっぴき》、二疋と数えることにちなんだ店名に「百も千も繁盛するように」との願いを込める。

千疋屋

京都市上京区大宮通寺ノ内上ル前之町460
電話:075-441-7045
営業時間:12:00〜14:00、18:00〜19:30(閉店時刻はいずれもラストオーダー)
定休日:火・水曜
アクセス:地下鉄烏丸線今出川駅より徒歩15分

辻和紀さん（49歳）
鯖とパン、融合お見事

漁菜《ぎょさい》 克献《かつこん》
大阪市淀川区

〆鯖のサンドイッチを手に「これがね、意外に日本酒に合うんです」。細かいことは気にしない反面、実は完璧主義者だそう

とある企業のエラいさんになっている同級生が「ポケットマネーで行くのにもってこいのスゴい店を見つけた」と誘ってくれた。戸を開けると昭和が香り立ち、居酒屋好きの血が騒ぐ。

優しい香りの会津の地酒「飛露喜《ひろき》」の杯を傾けながら、100近いメニューの中から蓮根《れんこん》まんじゅうやカキの一味焼きなどをつまむ。いやはやすべて上質。「割烹《かっぽう》の域や」と心から思う。続いて、食べ合わせどうよ、と思いながら、名物だという「〆鯖《しめさば》のサンドイッチ」を注文する。

これが、とびっきりだった。焼き目のついたトーストに、しめ鯖のきめ細かい脂《あぶら》と酸味がぴたっとハマっている。挟んだ大葉のほんの少しの苦みと、芥子《からし》マヨネーズがばっちりアクセント。日本酒に合う、不思議な大人の味。思わず「お見事です」と口走ると、店主・辻さんが、してやったりの表情を見せた。

「今、身のしまりも脂ののりも最高の季節ですからね。今日のは佐賀産の旬鯖《ときさば》」

冬場に五島・対馬海峡で捕れたものを旬鯖と言うらしい。

聞けば、「しめるのは、米酢10に赤ワイン1の割合。鯖の厚さや気温にもよるけど1時間以内」。パンは直火でパリッと焼く。1998年の開店時からのメニューだそう。

〆鯖のサンドイッチ700円

高校時代に飲食店でアルバイトしたのがきっかけで調理師に。「吉兆・湯木貞一さんの一番弟子が僕の師匠でした」って、なるほどそうだったんですか。割烹勤めだった20年余前、食の専門誌で京都の洋食屋に鯖サンドなるものがあると知り、「僕も挑戦してみよう」と和洋融合。工夫を重ね、優雅で高尚な一品に到達しているのだ。

同級生の彼曰く「こんな値段で申しわけない」。私もまったく同感だ。

漁菜 克献

大阪市淀川区東三国2の18の8
電話:06-6392-4131
営業時間:17:00〜24:00(日曜・祝日は〜23:00)
定休日:木曜
アクセス:地下鉄御堂筋線東三国駅すぐ

中 章信さん（38歳）

熱々お届け、
鉄板中華

なかちゃん
兵庫県神戸市

お客さんの目の前でダイナミックに調理。「レシピを教えて」と言う人には、惜しみなく披露する

ずいぶん賑《にぎ》わう神戸・水道筋《すいどうすじ》商店街の一隅に、シャッター通りと化してここだけ時が止まったような灘中央市場。その中の「中華料理」と書いた赤提灯《ちょうちん》がかかる店に入る。

と、鉄板カウンターが幅を占めていて、あれ？

「元お好み焼き屋の居抜き物件なので。お客さんの目の前で作る『下町グルメ』の店をしたかったんです。『鉄板中華』です」

と、店主の中さんが笑顔で迎えてくれた。密かな人気を博しているというエビチリ焼きそばを注文すると――。

この人、マジシャンかと思った。鉄板の上の麺を中華スープでほぐし、すぐ脇でささっと作ったスクランブルエッグ状の卵を麺の上に載せたかと思うと、回れ右して中華鍋でエビを素揚げし、作り置きのチリソースをぐいっとかける。とろみのついたエビを麺と卵に垂らし、レタスを散らした。その間、私の肌感覚でわずか3～4分。

白い皿の上で、卵の黄色とエビのオレンジが輝いている。いただくと、甘辛いソース、プリプリのエビ、ふわふわの卵にシャキシャキのレタス。食感カリッの麺。すべてすべてワンダフル！

エビチリ焼きそば850円

「熱の伝わりのいい、分厚い鉄板のおかげ。勝負は仕込みです」

親鶏でとる鶏ガラスープには盛りだくさんの香味野菜が力を発揮している。ケチャップがベースのチリソースには2種類の豆板醤《トウバンジャン》も。

以前はポートピアホテルの中華部門にいた。コック帽をタオルバンダナに変え、市場の中に〝降臨〟あそばしていたのだ。「高校生のとき、テレビ番組『料理の鉄人』を見て、中華が一番ダイナミックでかっこいいと思った」のが原点だって。

なかちゃん

兵庫県神戸市灘区水道筋3の1 灘中央市場北側
電話:078-801-9505
営業時間:17:00〜23:00
定休日:水曜
アクセス:阪急神戸線王子公園駅より徒歩10分

地《ち》井《い》潤《じゅん》さん（46歳）
奇想天外、魔法のおでん

赤白《こうはく》
大阪市北区

「相当食べて飲んでもらっても、3000円いかないと思います」って、マジだ。休日はエアロビクスで体調を整えている

あれれ。な、なんだこれは。ナッツのような濃厚な風味が、まろみのあるクリームに覆《おお》いかぶさっているような。そんな「初めまして」のソースが染み込んだ大根は、もはや大根の域を出た極上食材と化している。つるりとした食感と深い味わいに舌を巻く。

「スゴい店見つけた」と、ミュージシャンの同級生から聞いてやって来たのは、「フレンチおでんとワイン」の店。オバサンの私にはこっ恥《ぱ》ずかしい、こじゃれた店だが、「大根のポルチーニクリームソース」を食べた途端、そんなことどうでもよくなった。

「1＋1を2でなくて、3とか4にさせているんですね」。涼しい顔で、自身の哲学をおっしゃる。イタリアのマツタケといわれる、あのポルチーニがふんだんに使われている。

「ソース？　生ハムの骨や切り落とし、香味野菜で3、4時間炊いたスープに豆乳を加えています」

この奇想天外な美味にたどり着いたのは？

「20代のときにフランス、30代のときにオーストリアとスイスの大使公邸料理人だったんです」

大根のポルチーニクリームソース180円

要人らを寿司や天ぷらでもてなしたが、彼の地の人たちにはちょっと物足りない。コースの終盤に、仔《こ》羊《ひつじ》のローストなどワインに合う料理を「ほんの少し日本風味の味付け」で出し、喜ばれたそう。帰国後、既存の料理ジャンルを超えた店舗づくりを始めた飲食店経営の会社、SANTE GROUPEの社長と意気投合し、この店の総料理長に迎えられた。

「実家が東大阪の〝町の食堂〟でした。ここもおでん屋、薄利多売です」。気負いのない、凄腕《すごうで》なのである。

赤白

大阪市北区角田町5の1 梅田楽天地ビル1階
電話：06-6367-5089
営業時間：16:00〜24:00（土・日曜・祝日は12:00〜）
定休日：月曜
アクセス：地下鉄御堂筋線梅田駅より徒歩5分

※取材後、地井さんは取締役総料理長となり、この店を含む多店舗を統括

山嵜靖尚《やまざきやすなお》さん（51歳）

足し引き模索、会心の味

ラーメン一陽
京都市西京区

酒屋を閉じ、45歳でこの店を開いた。「好きこそものの上手なれ」を地でいっている。愛読書は司馬遼太郎の『竜馬がゆく』

いつも高級なものを食べているとしか思えない、電機メーカーの役員である知人が「ハマってる」と可愛いことを言う。白いスクエアの器に、緑鮮やかな水菜とまっ赤なプチトマト。モノクロ写真の掲載なのが残念だが、想像してみてほしい。「アボカドと豆乳の冷製クリーミーラーメン」は、イタリアンカラーの変わり種メニューだ。

その姿かたちに目を奪われつつ、スープに口をつけると、あらっ。濃厚な豆乳とアボカドの風味が素晴らしきハーモニーを奏でている。なめらかで軟らか。細い麺、華奢《きゃしゃ》なエビと巧みにコラボし、なるほどこれはイケると感嘆した。

「アボカドが好きだったので、アボカドのスープをイメージし、足したり引いたりして考案しました。なんて言えばソレらしいですが（笑）、テキトーですよテキトー」

と、店主の山嵜さんはいたずらっぽく話す。

家業の酒屋を切り盛りしていたが、大型店に押されて閉店。しかし、趣味が身を助けた。食べ歩き好きで、美味に出会うたび「どんな食材、調味料で作っていたのかな」と、見よう見まねで台所に立ち、家族を喜ばせていた。その延長で2008年にラーメン店を始めたという。トマトカレーラーメンや酒粕《さけかす》ラーメン、ゆずしぼ

アボカドと豆乳の冷製クリーミーラーメン950円

りラーメンなど、自分の「美味しい」をメニュー化してきた中で生まれたのがこのしゃれたラーメンだ。

「アボカド1個に対して、豆乳500cc、鶏ガラスープ200ccほどをミキサーにかけて、粗挽きの塩胡椒を足して」と、作り方は意外とシンプル。しかし、「アボカドの大きさによって、鶏ガラスープの量を微妙に調整してまして」と会心の微笑みを浮かべるのである。

ラーメン一陽

京都市西京区山田車塚町6の1
電話：075-392-5657
営業時間：11:00〜14:30、18:00〜24:00
定休日：無休
アクセス：阪急嵐山線上桂駅より徒歩14分

宮中寿《ひさし》さん（45歳）
自然の味の偉大さよ

〈ピッツェリア・バール・ボーノ〉
奈良県橿原市

「映画監督の河瀬直美と高校の同級でした。あ、店には関係ないけど……」

まず、ビジュアルにびっくりした。焦げ茶色の厚い「原木しいたけ」がごろごろ。粘り度抜群のチーズが絡んでいる。いただくと、大地に育《はぐく》まれました、の原木の恩恵か。味も香りも強いのなんのって。

「親父が作った原木しいたけです。肉質感が違うでしょ」とマスターの宮中さん。塩気も甘味もぐいぐい主張するチーズとぴたりとくるジューシーなピザ。大人の味だとうなった。

父の清さん（78歳）のしいたけ園は、奈良市の郊外・田原の里にある。原木しいたけは山から切り出した樹齢15年のクヌギにしいたけ菌を付着させ、自然の気候や天候に左右されながら培養される。その間「サルやイノシシとの闘い」だそうで、収穫まで3年かかる。

「農業がいやで飲食の道に入ったのですが、年いってくると、自然のサイクルに則《のっと》った原木しいたけ作りってなんぼほどいい仕事なんやと。自分はできない代わりに、味を伝える側に回ろうと思ったんです」

奈良県内で酵母パンの製造販売やレストランを展開する会社「スティンスティン」の中核を担って20年余り。イタリア語で「美味しい」を意味し、ナポリ産石窯を備えたこの店「ボーノ」は、２０１２年にオープンした。

原木しいたけとゴルゴンゾーラチーズのピッツァ Sサイズ980円

「焼くところ、見ますか」

と、ガラスの向こうの調理場に誘ってくれた。「特別な勉強はしてない」と言うものの、生地をこねる手つきの鮮やかなこと。ぶつ切りのしいたけもゴルゴンゾーラチーズも惜しみなく載せ、柄《え》の長い道具・パーラーで窯に入れる姿も決まってる。

窯の中は450度。あっという間にプクプクしてくるピザを凝視して回転させる。そのまなざしは、怖いほど真剣だった。

ピッツェリア・バール・ボーノ

奈良県橿原市内膳町1-3-7
電話:0744-29-8081
営業時間:11:30〜14:00、17:30〜23:00(金・土曜は〜24:00、ラストオーダーは閉店の1時間前)
定休日:無休
アクセス:近鉄大阪線または橿原線大和八木駅すぐ

※取材後、宮中さんはこの店を後輩に任せ、桜井市の「ボーノ(電話:0744-43-7807)」へ異動

北龍《ほくりゅう》

大阪市北区

北村英嗣さん（39歳）
美枝子さん（71歳）

ついもう一杯、すすむアテ

先代の“仕事”を踏襲し、魚は七輪に備長炭をおこして焼く。酒は錫のちろりでつける。美枝子さん（右）の愛称は「ジャンボさん」

大阪キタ・お初天神東側にある古き良き飲み屋街。「北龍」は、間もなく創業して半世紀になる風趣《ふうしゅ》な居酒屋だ。拙著『大阪 下町酒場列伝』に登場してもらった縁で、ときたま伺うようになって10年ちょいになる。

私も年をとったが、店も年をとった。粋人だったご主人が亡くなり、「お姉さん」もついに引退と聞き、もしや奥さんの美枝子さん一人で？ と久しぶりに覗くと、長男の英嗣さんが包丁を握っていた。

「僕、プータローやったんですけど、親父が死んだ直後に皿洗いを手伝い、今からでも頑張れるかなと。日本酒専門店に勉強に行って、２０１４年の7月に帰ってきました」と、英嗣さんがぼそぼそ口を開くと、美枝子さんが朗《ほが》らかに突っ込む。「この人、『千日修行に行ってきます』言うて出て行って、〝三千日修行〟をしてきたんですわ（笑）」

新メニュー「おまかせコース」を頼んでみた。「お酒もおまかせで」と付け加えて。まず山形の「瑠璃《るり》色の海」が供され、その穏やかな香りを楽しみながら、刺身から。脂ののったカンパチやきずし（しめ鯖）がとろけ、「活けの天然物しか使わん」と言ってらした先代を思い出す。続いて、海老芋《えびいも》の唐揚げ、まなかつおの西京焼き。高級食材ばかりだ。そして「あて盛りです」と、一口サイズの豆腐の味噌漬け、さんまのポテサラ、奈良漬のクリームチーズ、いわしの生姜《しょうが》煮。〝三千日修行〟の面目躍如《めんもくやくじょ》だ。お見事です！

「次に強打者を持ってくるか、飲み疲れないタイプにするか、ですが」

「思い切って前者を」と返すと、宮城県の「綿屋」無濾過《むろか》生原酒が出てきた。カキッとした吟醸《ぎんじょう》香にうっとり……。

いやはや酒場案内のようになってしまったが、「日本酒を軸に、和食の幅を広げてきてます」と英嗣さん。春夏秋冬、寄ることに決めた。

おまかせコース（6品、毎日替わる）3500円

北龍

大阪市北区曾根崎2の5の37
電話：06-6311-5212
営業時間：17:00〜23:00
定休日：日曜・祝日
アクセス：地下鉄谷町線東梅田駅またはJR東西線北新地駅より徒歩3分

㐂多呂《きたろ》

大阪市西区

堀田富喜子さん（71歳）
田中達等《たつとう》さん（75歳）
横山美栄さん（83歳）

あっさり鍋、受け継いだ

店は堀田さん（右）と田中さん（左）で切り盛り。時々、横山さん（中）が遊びにやってくる

「九条の草鍋の店、名前が変わって復活してる」と知人から報が入ったので、そら、行かな、と。「草鍋の店」で通っていた昭和レトロな「小川下《こかげ》」は、20年ほど前からずっとファンだったが、２０１４年の春ついにクローズ。残念がっていた矢先だった。

「姉も80歳を超えて、さすがにやっていけなくなって閉じてたんです。でも店を残しておきたいと言うので、私たちが引き継ぐことになりました」と「小川下」と同じ場所、同じ店で、妹の堀田さんとパートナーの田中さんが迎えてくれた。２人で切り盛りしていた居酒屋「㐂多呂」を引き継ぐ形で２０１５年６月に開店し、伝授された「草鍋」を名物メニューにした。

久々に目の当たりにした草鍋はやはり迫力満点。直径25センチ、高さ４センチのステンレス鍋に、野菜がてんこ盛り。しろ菜、ニラ、もやし、春雨。ぐつぐつ煮えるうち、鍋に程よく納まるかさになっていき、豆腐と豚肉が顔を出す。取り皿には醤油。練り芥子を溶き、七味唐辛子が効いた鍋の出汁をすくい入れて、野菜をたんまりいただき、ほっこりする。

「草鍋は〝お鍋のお茶漬け〟やなあって思うんです。毎日食べても飽きない。安い豚肉を使うのがコツなんですけどね」と堀田さんが言う傍《かたわ》らで、「ぴったりのオリ

草鍋1500円

ジナル芋焼酎ありますよ」と田中さん。

じゃあ一杯だけと、ほろ酔い鍋を楽しんでいるところへ姉の横山さんが現れ、ひと言。

「古くさいお鍋ですけども」

横山さんの亡き夫が、出征した中国で食べた辛い鍋をヒントに、30年ほど前、自分たちが食べたいあっさりしたお鍋に行きついたとか。店名「小川下」は、亡き夫の四国の、ダムに沈んだふるさとの地名だとも。そんな昔語りが味に潤いを付け加えてくれる。たまりませんわ！

㐂多呂

大阪市西区九条1の16の13
電話:06-6584-1955
営業時間:11:00〜22:00
定休日:水曜
アクセス:地下鉄中央線または阪神なんば線九条駅より徒歩5分

ねき
大阪府高槻市

泉裕子さん（45歳）
味も、見た目も、美しく

「おばんざい」の進化形を研究開発。「一人でやっているので、なるべく予約してもらうと助かります」

おばんざい全部盛2000円。このセットメニューは取材後終了し、単品400円〜

店に入るや否や、「わ〜、きれい！」と心が弾んだ。カウンターの上にガラスの器が並び、白やオレンジ、緑、褐色など色とりどりの見慣れない料理の数々が、しゃれたレイアウトで盛られている。

「おばんざいです。普通のおばんざいとちょっと違うけど、ハレかケかというとケのイメージだから。店名の『ねき』は、暮らしのねきにある店でありたいと」と泉さん。「ねき」って、懐かしいなあ。「傍ら」という意味の昔の関西言葉だ。

「おばんざい全部盛」を薦められた。むし鶏とひじきのバルサミコ酢和え、カリフラワーのアンチョビマヨネーズ、うどとえのきの柚子胡椒味噌など8種。甘み、酸味、旨み、深みのバランス良好だ。

あまりにも美味しかった、にんじんとクスクスのはちみつマスタードマリネの作り方を聞くと、「フレンチドレッシングにニンニクとイエローマスタードを混ぜて、蒸したクスクスに含ませるのがコツかな」と、楽しそうに。

短大で美術を学び、デザイナーを経て、アジアンカフェのキッチンに転職。イタリアン出身のシェフに教わり、メニューを考えた。上京してフードスタイリストに。紙媒体に「美味しく見える料理」を提供したが、「欲が出てきて、リアルに食べてもらいたくなった」。地元に戻って2013年に開店したという。

野菜は「25年前に岡山県美作に引っ越した両親が作ったもの」も混ざっている。薬膳の勉強もしたそうで、実は体にも優しい料理なのだ。日本のワインばかり約20種。果実味豊かな月山《がっさん》ワイン片手に、ほっこりと夕べを過ごした。

ねき

大阪府高槻市富田丘町6の18
電話:070-5366-3092
営業時間:12:00〜14:30(ラストオーダー14:00)、18:00〜22:00(ラストオーダー21:00)
定休日:月・火曜
アクセス:JR京都線摂津富田駅より徒歩6分

小谷咲美《さくみ》さん（33歳）
身体を包む香りと情味

岩茶房
丹波 ことり
兵庫県篠山市

高校時代と20代の半ば、関東で暮らし、Uターンした。「岩茶を通して交流の場に」と、文楽の人形遣いや料理人を招くイベントも企画

大紅袍1600円

しんと静まり返った篠山城《ささやま》のお堀端《ほりばた》に建つ一軒家だ。靴を脱いで屋内にそろりと上がると、昔懐かしい窓ガラスからやわらかな日が射す空間に、民藝道具。

「地元の『古民家再生プロジェクト』での基礎再生を経て改装した、明治期の建物です。この雰囲気の中で、私の大好きな岩茶《がんちゃ》をお出ししたくて」と、店主の小谷さん。岩茶とは、中国・福建省《ふっけん》北部の武夷山《ぶいさん》に生育する茶樹で作られた烏龍茶の最高峰で、皇帝のお茶だったそう。

「気品ある香り」というメニューのフレーズに反応して、15種の中から選んだ「大紅袍《だいこうほう》」。勢いよく注《そそ》がれるお茶から、鼻腔《びくう》をくすぐる甘い甘い香りが立ち上がる。口に含むと馥郁《ふくいく》たる香りに包まれた。お茶に情味を感じるのも初めて。

「びっくりです」と言うと、会心の微笑みを浮かべた小谷さんが、自身が撮った武夷山の写真を見せてくれた。奇岩が林立している。岩に種をはり、天に向かって茶樹が生えている。

「太古の岩山だそうです。手付かずの岩の養分を吸い上げた木の、たっぷりの光を浴びて自然発酵した茶葉なんですね。毎夏、生産者をお訪ねしています」

ぬくもりのある器も、茶味に一役買っているみたい。と改めて茶器を手にして、まじまじと眺める。「丹波焼の柴田雅章《まさあき》――実は父の作品です」。日本での岩茶の草分けである東京「岩茶房」の主との縁で岩茶を知った父が、子どもの頃から朝に夕に淹《い》れてくれて育った。その「岩茶房」に、小谷さんは勉強に行ってきたという。

「ミネラルが大量に含まれ、万病に効きます」

少々高いが、何のこれしき。おかわりをお願いした。

岩茶房 丹波 ことり

兵庫県篠山市西新町18
電話:079-556-5630
営業時間:11:00〜18:00
定休日:水・木曜
アクセス:JR福知山線篠山口駅より神姫バス・二階町 下車 徒歩10分

大阪の面子

高校の「東京ミニ同窓会」に行ってきた。ちょうどこの『関西かくし味』の校正のまっ最中の日だった。頭の中が、関西、関西、かくし味、かくし味……とぐるぐる回っていたときだったので、てっちりを囲み終わり、ひと段落したところで「ねえねえ、思い出す関西の味は?」とみんなに聞いてみる。でも、ダメだった。

「とくに、ぴんとこないなあ」

「ふぐも食べなかったし」

この日、同じテーブルを囲んだ十一人の大半が十八歳からずっと東京に住んでいて、〝大人の関西〟を体験していないのだから、しょうがない。

ところが、Hさんが翌日電話してきてくれた。彼女は長年の生駒《いこま》↓大阪暮らしを経て、十余年前から都内に住む、私と同じ中途上京組だ。

「関西の味って言ってたやん。そうそう、たこ焼きやって思い出したの」

な～んだ、たこ焼きか。ありがちだな……と一瞬思って、ごめんね。Hさんは、珍しい方向からのたこ焼きの話をしてくれた。

「大阪マラソンに三回出たのよ。那覇も福岡も宮崎も名古屋もホノルルもマウイも出たけど、大阪マラソンはエイドステーションの食べ物がスゴいの。なかでも一番感動したのが、たこ焼きやったのよ」

彼女は市民ランナーだ。四十代で健康のために走り始め、「旅に出る目的にしよう」と各地のマラソンに参加し始めた、とは前に聞いていた。

どこのマラソンでも、途中四分の三を過ぎた地点で、欠乏してくる塩分やカリウムの補給のため、飲み物・食べ物が提供されるらしい。よくあるのはおにぎりやバナナや飴だが、那覇では沖縄そば、宮崎ではマンゴーゼリーなどご当地ものも出るそうだ。

大阪マラソンは、大阪城公園から南港のインテックス大阪まで四二・一九五キロ。住之江競艇場の近くに補給所（エイドステーションというそうだ）があり、ごぼうの漬物、おやついなり、ちくわキュウリ、らっきょ、コロッケ、しんこ巻き、きゅうりの漬物、わらび餅、オレンジ、桜餅、栗まんじゅうなど、甘いものから塩辛いものまで大量にずらりと並び、飛びぬけて豪華だったという。

「しかも、たこ焼きはソースをつけるタイプと違って、食べやすいように出汁に味がついていて、手でつかんでそのまま食べられるタイプやったの。工夫してくれてはったんと違う？　すごく美味しかったのよ」

市民マラソンは、記録を狙うレースではなく、楽しんで走るものだという。だから、走りながら食べる人もいるが、ゆっくり歩きながら、あるいは足をとめて休憩しながら食べるのもアリだそうで、去年、四時間四十五分で完走したというHさんは後者。

「去年は、たこ焼き二、三個くらいパクパク食べたわ」と笑った。そして、「大阪マラソンは、食べ物を楽しみに遠くから来る人も多いのよ」とも教えてくれた。

さすが大阪。と血が騒ぎ、各方面に問い合わせた。エイドステーションを委託されているのは、大阪市内の三百十商店街・一万一千人で構成されている大阪市商店会総連盟という団体だとわかった。

「はい、昨年は二十八種類、十三万四百個の食べ物をお出ししました」

と事務局の方。くださった提供品目の一覧を見て、くすっと笑った。Hさんが挙げた品目等に混じって「あめちゃん」「タコさんウインナー」とも堂々と印字されていたからだ。

「あめ」ではなく「あめちゃん」、「ウインナー」ではなく「タコさんウインナー」。

「大阪らしいものを出したかったんです。でも、たこ焼きは冷めると美味しくないし、手が汚れるし……と一回目、二回目（の開催時）は断念しましたが、諦めきれないと女性部が頑張ってくれて、三回目から出しています」

女性部長は、クジラ料理で有名なミナミ「徳家」の女将・大西睦子さんだった。

「お味もですけど、たこ焼きはふつう冷めると硬くなるでしょう？　あ、そうやご近所のPさんのところのたこ焼きは軟らかいと思いついて、出汁にお醤油を多めに入れるとか、特別に工夫してもらったんですよ。大阪の面子《めんつ》がかかってますもん」

そうか、大阪マラソンのたこ焼きは「大阪の面子」だったのだ。提供五千個。人気沸騰したのだ。

「東京マラソンや福岡マラソンの食べ物と比較したら面白いかもよ。量も味も断然、大阪が勝つって」と、Hさん。

市民マラソンは記録を競うものでない――けれども、こういう記録は競ってもいいんじゃない！　と思えてきた。

2 他分野からやってきました

横田彰宏さん
甘くて辛い、スパイス三昧

カルータラ
大阪市西区

性格をひとことで言うと？　「自分でもわかりません」。好きな音楽は？「Zapp&Roger……ファンクのグループです」

カレー激戦区の肥後橋にあって、行列が出来ることもしばしば。スリランカ南西部の町の名を冠にした、隠れ家のようなスリランカカレーの店だ。「ハマっちゃう味」と、友人たちが大絶賛する。

この日の「日替りカリー」はチキンカリーとシメジマイタケカリーのハーフ＆ハーフ。鮮やかな黄色のターメリックライスと共に出てきた。ぷ〜んと、独特の香りが立ち上がる。

いただく。ルーはスープカレー風にサラサラ。マイルドで、「そんなに辛くないな」と頭の記憶装置が働き始めたところで「パキーン」と辛さがきた。その後、程よい間隔で「辛くない」「パキーン」を繰り返す、不思議なお味。加えて、ココナッツミルクのほんのり甘さも効いている。

「いや〜、美味しいです」と言うと、「そうですか」とクールな表情で。「何種類のスパイスが入っているんですか」には、「企業秘密です……」。取材、いきなり滑る。

なんとか聞き出せたのは、クミン、コリアンダー、スイートクミンの3種をベースに多種類のブレンドなことと、「毎年2月に、スリランカのカルータラにあるスパイス工場に買いつけに行く。種の時点で選び、深さ加減に注文をつけてロースト

日替りカリー750円

してもらっている」とのこと。

１９８９年に「事務機器を販売する仕事でスリランカ最大の町コロンボに行った」のが、彼の国とのご縁の始まり。１９９８年にこの店を開店したのは、ある日「東大阪の自宅前を通りかかった、カルータラから来た人」との出会いが発端だったとも。人と味に歴史あり、である。

カルータラ

大阪市西区江戸堀1の15の9 フラッグス肥後橋1階
電話:06-6447-6636
営業時間:11:30〜14:30、夜は前々日までの予約で営業
定休日:土・日曜・祝日
アクセス:地下鉄四つ橋線肥後橋駅より徒歩2分

高田成明さん（38歳）
ただこれだけに注ぐ熱

フォーのお店
大阪市旭区

「あっさり、だけどイケルでしょ？」。ファミリー客が多いのは、野菜が苦手な子もこの店では野菜好きになるからかも

鶏のフォー700円、野菜トッピング150円

ヒネリも何にもない店名――と思ってドアを開けると、北欧製っぽいテーブルが配されたカフェのような空間。メニューには、鶏、牛、野菜、3種類のフォーがある。「一番人気は鶏ですね」と聞き、野菜をトッピングして注文したら、直径18センチほどの器に、数々の野菜が美しきてんこ盛り状態で出てきた。

みずみずしいブロッコリーに甘いニンジン、ほくほくしたジャガイモ……。ピンクの食用花なでしこはすっきりしたお味。スープは「鶏と魚のエキスが詰まっているけど、あっさり」とささやく。麺も鶏もまろやかで、ひとひねりあると想像に難くない。やっぱり、ベトナム通ですか？

「いやそれが、行ったことないんです（笑）」

25歳で米ロサンゼルスへ語学留学。「永住権がおりるのを待っていた」間に、寿司屋で働いた。休日に足を延ばした郊外の町で、ベトナム料理店が人気を集め始めていると知る。行ってみると、ヘルシーさと、「アジアらしからぬ」モダンなインテリアに「これや」と心が騒いだ。永住権取得に見切りをつけ、32歳で帰国。大阪・ミナミのベトナム料理店に勤めた後、「多くのメニューに情熱は注げない」とフォーに絞って２００９年、開店にこぎつけた。

「具の鶏も８種類の野菜も、あらかじめの火の入れ方を工夫。スープは鶏ガラと昆布と野菜と魚醤《ぎょしょう》で８〜９時間。クセのあるものも化学調味料も入れない、僕のオリジナルのフォーです」

やみつきになること必至、である。

フォーのお店

大阪市旭区大宮1の17の17 大宮ビル103
電話:06-7173-9117
営業時間:11:30〜14:00(土・日曜のみ)、17:30〜21:30
定休日:水曜
アクセス:地下鉄谷町線千林大宮駅または京阪本線森小路駅より徒歩6分

園田一秋《かずあき》さん（57歳）

ほんなこつ、うまか、天草大王

熊本撰食
園田ファーム
大阪府東大阪市

性格は「たぶん"肥後もっこす"」。座右の銘は「為せば成る、為さねば成らぬ何事も、ですね〜」

「ふへ～、これはすごい」

と、素っ頓狂《とんきょう》な声を、辺りかまわず上げてしまった。

この親子丼。まず、ビジュアルがいい。ふわふわの黄色い卵が、大きめのいくつもの鶏の切り身を包み、真ん中に太陽のようなオレンジ色の黄身が載っかっている。「えいやっ」とつぶすと、鶏は香ばしいわ、弾力はあるわ、コクも旨みも目いっぱい。甘めの出汁と相まって、卵の味も極上。粘り抜群のご飯――。

「熊本の地鶏『天草大王《あまくさだいおう》』は日本一なんですよ」

自信に満ちた笑顔で園田さんが説明してくれた。

天草大王は、背丈90センチ、体重7キロになる日本最大級の鶏。かつて博多の高級料亭向けに出荷されていたが、飼育に手間がかかるため絶滅した。だが、熊本県で1990年代前半からおよそ10年かけて復元されたという。いただいたのは、園田さんの実家の兄が営む農場の鶏。「天草諸島の一つ、大天野島の高台で、自家製野菜などをふんだんに食べ、歩き回って育ったもの」だそうだ。

園田さんは大学入学時に上阪して、かれこれ40年。脱サラして2007年に熊本の食材卸の会社を始め、さらに2009年にこの店を開いたのは「私自身、天草大王を『ほんなこつ、うまかなぁ』と思ったから」。

天草大王の切り身は、炙《あぶ》ってから出汁にかける。その出汁も、天草大王のガラを10時間炊いたスープに、鰹と熊本の醤油を合わせて。溶き卵は伊賀上野、生卵は大分の鶏のものなのも、熊本米「森のくまさん」使用なのも、天草大王の味わいをより一層深めるためと聞いて、大いに納得。

馬刺し、芥子蓮根などもあり、居酒屋利用もできるほか、熊本の食品も買える。

天草大王の親子丼980円

熊本撰食　園田ファーム

大阪府東大阪市中石切町4の4の4
リバーサイドビル2階
電話：072-987-0640（来店はなるべく予約を）
営業時間：11:30〜14:00、17:30〜22:00
定休日：火曜＋不定休（イベント開催時）
アクセス：近鉄けいはんな線新石切駅より
徒歩13分

江見政和さん (44歳)

荒挽き上等、明日への力

サル・ベーコン
大阪府吹田市

「男ならガンガン働き、ドンドン遊び、ガブガブ食べようぜ、みたいなノリのお客さん、大歓迎です」

自家製の荒挽きフランク1本300円、チョリソー2本380円。荒挽き焼ソーセージは4本360円

「ガンガン働くサラリーマンのお小遣いって、ひと月3万から5万くらいでしょ。だから1回の飲み代3千円まで。2千円やったら『安かった！』でしょ？　僕の感覚でいくと『あ〜美味しかった』『明日もがんばって働こう』と思えるのはそれくらいの額。そこから逆算して『安かっこいい店』にしようと〝企業努力〟したんです」

聞いて、うれしくなった。高いメニューを売ってやろうというコスい姿勢が、かけらでも見える店はイヤだな。費用対効果の高い店こそステキ。と、近頃とみに思っていたから。

荒挽き焼ソーセージをがぶりとやる。と、香ばしくてプリプリの皮に、旨みたっぷりのスパイシーな肉。「う〜、タイプです」と申し上げると、「脂身、甘いでしょう？」。まったくまったく。ビールが飲みたくなります。

「脂2割」の豚ブロック肉を挽くところから、店で手作りしている。塩を入れて「程よい弾力」が出るまでこねる。一晩寝かせて熟成させ、コリアンダー、クミンなど香辛料を「味入れ」。腸詰めし、山桜のチップで薫製……と、すべての工程を惜しみなく見せてくれ、「〝日本寄り〟のドイツソーセージです」とも。出汁と醤油を隠し味に入れているそうだ。

大学卒業後、オーストラリアを5カ月間ツーリング。外食チェーンに勤め、おしゃれな立ち飲み店、餃子FC店などの店づくりを牽引《けんいん》。2010年開店の「安かっこいい店」には、経験値が詰まっている。

サル・ベーコン

大阪府吹田市江坂町1の18の18
えさかパークビルディング1階
電話:06-6310-3655
営業時間:11:30〜14:00、17:30〜24:30(土曜・祝日は夜のみ)
定休日:日曜
アクセス:地下鉄御堂筋線江坂駅より徒歩3分
＊西天満店もある

松岡昇弘さん（65歳）
隠れた「鉄人」、おまかせ

風まかせ
人まかせ
大阪市淀川区

無口で頑固。黙々と働くのが好き。映画も本もドキュメンタリーを好み、趣味はスキーとラジコン飛行機

旧知の映画プロモーター「かんこちゃん」が店主の小さな店。彼女の、雑談から時事ネタまで何でも来いの〝機関銃トーク〟が看板だが、何を注文しても美味しい。4年前からカウンター内で寡黙《かもく》に働く松岡さんの腕の賜物《たまもの》だ。

イチオシは、鉄板に載って出てくるスパゲティナポリタン。下に敷かれた半熟状態の薄焼き卵が「あちち」とばかり小躍りし、麺にまといつく。ケチャップの甘さと酸味、クリーミーさが融合したソースともからまる。まろやかで、とてもグレードが高いのである。

「松岡さん、南船場で20年間喫茶店をしてはったから、上手なん」とかんこちゃんは言うが、調理を覗いて面食らった。バターでタマネギ、シメジ、ロースハム、マッシュルーム、イカを炒め、湯がいた麺の上に載せた数秒後、白ワイン、ケチャップ、さらにたっぷりの牛乳を加え、ジュワジュワと煮詰めたのだ。そして乾燥バジルを少々。

「安くあげるために考えた、僕のオリジナルの省略形レシピです。ソースのキモは濃度」と松岡さんが口を開き、「決まった！　という瞬間がある」と、にやりとする。ただ者じゃないぞ。

喫茶店経営以外の経歴もふるっていた。一流ホテルの仕込み場で「牛を解体し、

スパゲティナポリタン650円

部位の仕分けをしていた」だの、カナダの鉄板焼きレストラン「BENIHANA」で「お客さんの目の前でパフォーマンスをしながらステーキやオマールエビを焼いていた」だの……。

「今は、好きにメニュー作りをさせてもらってるのがありがたい」と、あくまで謙虚。オムライスや焼きそば、アップルパイなど安価な全メニューに実力発揮中である。

風まかせ人まかせ

大阪市淀川区十三本町2の3の20
電話:06-6886-8686
営業時間:11:30〜15:00、17:00〜23:00
定休日:日曜・祝日
アクセス:阪急各線十三駅より徒歩3分

安部利昭さん（66歳）

おもてなし、珠玉の一杯

カフェ
バーンホーフ
大阪市福島区

店名の「バーンホーフ」は、ドイツ語で駅のことで、「皆が目的を持って集まってくる」イメージから

パナマ・ドンパチ・ゲイシャ・ナチュラルは1500円

一瞬、香ばしいナッツのようなほの甘い香り。続いて、もぎたてのオレンジのような酸味がしてきて、「あっ」と思ったら、幾十もの花の香に包まれた。なんと〝華〟のあるコーヒーだろう。

「何杯でも飲める感じでしょう?」と、安部さんは目を細めた。目が飛び出る値段も、いやはや合点である。

スペシャルティコーヒーという言葉を近ごろ耳にするようになった。栽培や収穫、保管といった品質管理がしっかりしているコーヒーの中で、アメリカのスペシャルティコーヒー協会認定の技能者が試飲し、評価したコーヒーのことだ。

いただいたのは、その最高峰「パナマ・ドンパチ・ゲイシャ・ナチュラル」。パナマのドンパチ農園で、ゲイシャという品種を自然農法で育てたもの。

「ようやくです、『ちょっとコーヒーでも』とついでに飲むものから、味わう目的のものになってきたのは」

すでに選び抜かれているはずの豆なのに、安部さんは自らの目でにらみ、少しでも傷んでいる豆をはねてから焙煎《ばいせん》。ジャスト82度のお湯を直径２、３ミリで「の」の字を描くように一人分ずつ注《そそ》ぎ、ペーパードリップする。美しい仕草にも惚れ惚れしちゃう。

「おもてなしの心、ですね」

呉服の専門家として長年勤めた百貨店を53歳で辞め、調理師学校のコーヒー専科と東京のスペシャルティコーヒー第１号の店で猛勉強した末、２００３年に独立した。「本物のコーヒーはこれからのビジネス」と考えたからだ。

「決まりごとがおもてなしの文化を生んだ呉服の世界と、スペシャルティコーヒーは同じなんです」

カフェ バーンホーフ

大阪市福島区吉野1の14の8
電話:06-6449-5075
営業時間:11:00〜18:30
定休日:不定休
アクセス:地下鉄千日前線玉川駅またはJR大阪環状線野田駅より徒歩5分
＊阪急三番街店もある

里井啓子さん（48歳）
体が喜ぶ薬膳料理

藍布《らんぷ》
奈良市

大工さんに苦心してもらった「前方後円型カウンター」を配置。「お一人でもグループでもゆったりどうぞ」

近頃、近鉄奈良駅の北側が「きたまち」と呼ばれている。ゆるゆると時間が流れる、築100年という長屋に「あじあの薬膳おばんざい 藍布」と小さな看板。中に入ると、古い柱や梁《はり》を生かし、すっきり改装されている。

「すきま風も入って結構大変ですけど、この空間でゆっくり味わってほしいなと」では。ジャガイモと油揚げのインドネシア風サラダ、緑豆春雨と野菜のスパイス炒め、薬膳スープ、緑黄野菜と牛肉のインドネシア風トマト煮込みなどをいただく。……深い妙味。「豆腐やトマトは、体に潤いを与え、余分な熱を取ってくれる」「解毒効果がある緑豆の春雨に、抗酸化作用のあるニンジンやニラを合わせた」「消化器系の機能を高めるクミンやコリアンダーなどのスパイスを効かせた」と説明され、体が納得。じわじわと「細胞が活性化してきた感」に包まれた。

「季節の養生ランチ」ってネーミングを見たとき、正直オーバーじゃないかと思ったが、いやいやどうして、素材も食べ合わせも理にかなっているメニューだったのだ。

里井さんは、学生時代に香港へ行ったのを皮切りにタイやベトナム、韓国などアジアの国々に出かけ、「生薬の素材が日常的に使われている農家の人たちの食生活の豊かさ」に魅せられた。1999年に大阪・谷町でアジア料理店を開き、10年ほど切り盛りした。

しかし、忙しい人たちが「ぱっと短時間で食べる」ビジネスランチに「何か違う」と思った。日本漢方養生学協会で薬食同源の漢方理論を学び、２０１３年１月に「きたまち」でこの店を始めた。

気候を意識した週替わりメニュー。食後にシナモンなつめ茶を飲んでくつろいだ。近くだったら毎週行きたいんだけどな〜。

季節の養生ランチコース1380円

藍布

奈良市法蓮町1232
電話：0742-27-1027
営業時間：11:30〜17:00（ランチのラストオーダーは14:30）
定休日：火曜・第1水曜
アクセス：近鉄奈良駅より徒歩15分

生姜チャーハン

蝉丸
大阪市北区

望月愛子さん

風邪も吹っ飛ぶ名脇役

自分で「トンカチ持って」改装した店内すべてがお気に入り。「あえて一つ挙げるなら？　う〜ん、照明かな」

七穀米の生姜たっぷりチャーハン780円

日曜の夕刻に訪れると、「ごめ〜ん、今日お昼忙しかったから疲れて、もう飲んでいるのよ」と、まな板の横の瓶ビールを指して、にっこり。そんなユルさを、土壁やいい具合に古びた木の棚など調度品が「オーケイオーケイ」と許している。いいんだな、この雰囲気。築約80年の民家を改造し、2006年に始めた店である。

和歌山県新宮市の実家は、全国のそうそうたる和菓子屋に卸す「あんこ屋」。そのあんこを使った甘味処だが、今回ご紹介したいのは「小腹がすいたときにどうぞ」の「七穀米の生姜たっぷりチャーハン」。

ぷーんと生姜が香り、ご飯はもちもち&ぱらぱら。しっかり和の風味が立っていて、いただくほどにニコニコしてしまう。「普通に〝おうち料理〟ですけど」。いや、こりゃ相当レベルが高いぞ。

「2、3年前、若い常連さんが『風邪気味で食欲ない』って言うので、お母さんみたいな気持ちで『じゃあ、これなら食べられる?』って作ってあげたの。その人、ぱくぱく食べて、次の日『風邪治った』って(笑)。『僕も』という人が増えて、その後メニューに加えちゃった」

さらっとそう言うが、生姜は「高くても高知産」に限り、「最初弱めに炒めて、焦げ始めると一気に強火に」だとか、玄米やはと麦たっぷりの七穀米で「炊きたてをいったん冷凍してから使う」だとか、独自の奥義あり。「100回はいろんな方法試したわ」。出汁醤油も手作りだ。

楽しく仕事している人ならではの華がある。と思いきや、実は元女優。名ドラマ「部長刑事」にも出ていたそうである。

蝉丸

大阪市北区中崎西1の9の23
電話:06-6374-6700
営業時間:12:00〜21:00
定休日:火曜
アクセス:地下鉄谷町線中崎町駅より徒歩5分

中川恭一さん（46歳）

自然の恵み、育てて食べる

自然菜食屋
ナイヤビンギ
奈良県生駒市

「今、畑からとってきたばかり」と、土のついた野菜を手に。好きな言葉は“Get up, stand up”

思わず、「生駒《いこま》は哀《かな》しいおんなまち……」と昭和歌謡が口をついて出た。生駒ケーブル宝山寺駅を降りると、かつての遊里を彷彿《ほうふつ》させる門前町が広がっていたからだ。目指すは、旅館を改造した赤い外柱の建家。中川さんが迎えてくれた。

「築120年だそうです。10年ほど前、ここを借りて。カフェをしていたら、友だちが『ビールも出せ』『つまみも出せ』って。エスカレートしたんです」

澄んだ山の空気と、奈良盆地一望の景色。そのエスカレートの着地が、無農薬野菜を使う料理だったのだ。

当初、暗峠近くの「お父さん、お母さん、おばあちゃんたち」（肉親ではないそう）が無農薬で作っていた野菜を分けてもらっていたが、そのうちの「おばあちゃん」は85歳を超えた。「教えたるから自分で作れ」と言われて挑戦。5年前から一反を自分で作るようになった。育った野菜は虫や鳥につつかれ、イノシシやタヌキに食べられる。

「びっくりしました。でも、『3分の1は山に返したらいい』って、おばあちゃん、いいこと言うんですよ」

この日のランチはフルーツサラミを前菜に、豆腐と野菜6種のキッシュ、ほうれん草と椎茸のアヒージョ、アンデス芋の南蛮漬け、湯豆腐の蕗《ふき》味噌添えなど8品も。

ふわっとした甘みが広がったり、あと口にきりっと苦みが残ったり。野菜がみな濃ゆい。竜田揚げの中身はソイ（大豆）ミート。ご飯は古代米の五分づき玄米。自然の恵みの、なんと奥深いことよ。箸を進めるほどに、心も充足してゆく……。

前職は服飾デザイナー。店内には、手作りのアクセサリーや帽子、陶器などを販売する部屋もある。

お昼のランチコース1950円

自然菜食屋　ナイヤビンギ

奈良県生駒市門前町12の9
電話：0743-73-0805
営業時間：12:00〜21:00（ランチとディナーは要予約、14:30〜18:00はカフェタイム）
定休日：火曜
アクセス：近鉄生駒ケーブル宝山寺駅より徒歩2分

吉田光寛さん（47歳）

たこ焼き並みの気軽さで

インドカレー
SOL
大阪府箕面市

厨房にタンドール（インド式窯）がある。趣味のドラムは30年以上。「ロック、ジャズ、なんでも来い」

チキンカレー300円(「ナンとハーフライス」をつけると300円プラス)

打ち付けた板に、カラフルなメニュー。手作り感たっぷりの外観に「アングラ」なんて言葉を思い出す。店名の「SOL」は、スパイス・オブ・ライフのことだそう。

チキンカレーを注文した。なんと300円!香辛料いろいろ調合、ばっちりですね、のようなルーの中に、ジューシーな鶏肉がごろごろ入っている。甘みのあるナンにもあっさり味のターメリックライスにも憎いほどぴたっとくる。体がぽかぽかしてきた。大ヒットだ。

手の内を教えてほしいと言うと、「タマネギやトマトで作ったソースにチキンを放り込んでポコポコと煮立ったら、コリアンダー、ターメリック、クミン、クローブなど10種類のスパイスで香りを立てる。当たり前のことを当たり前にやっています」。

仕上げのガラムマサラ(ミックススパイス)は自家

製。クミンの実やシナモン、ロリエなどを手で砕いて、フライパンの余熱にかけるところを拝見。鮮やかな香りが厨房に広がった。

インドには「行ったことない」とは意外。そもそも理科系。技術系の仕事を経て、業界におもねらない、いわゆるインディーズ系のロックバンドで長くドラムをたたいていた。料理はもとより好きで、大阪市内のインド料理の草分けの店で働いたのが、２００７年の独立開業につながったらしい。

「この値段でマジ大丈夫？」と聞きたくなる。

「高いのがイヤで（笑）。たこ焼き並みの気軽さでインド料理を出したかったから」って、インディーズ系カレー屋さんだわ。テイクアウトあり。

インドカレーSOL

大阪府箕面市瀬川5の2の17
プレアール瀬川公園1階
電話番号：090-9885-1842
営業時間：11:30〜15:00、18:00〜21:00（土・日曜は〜20:00）
定休日：月・火曜
アクセス：阪急宝塚線石橋駅より徒歩7分

カレーと卵と大根おろし

インドへ行った。実は娘夫婦がデリー郊外のグルガーオンという町に住んでいるからで、彼らが住んでいる間に行かなきゃと「人生初インド」だった。

デリー空港を出たら、大気がくぐもっている。「霧が出ている？」と思ったが、大気汚染だという。

「北京よりひどいんと違う？」

「PM2・5濃度が世界一やもん。今日はマシやけど、三〇メートル先が見えない日もあるの。PM2・5の濃度が三〇〇マイクログラムを超えても緊急警報も出えへんし」

最初のヒャ〜、である。

車に乗ると、さらにヒャ〜だった。三車線道路なのにぎゅうぎゅうに五列。それも、警笛をブーブー鳴らしながらものすごいスピードで。なのに、道路には人が歩き、犬もイノブタもうろついている。そんな中を轢《ひ》かずに、まるでカーチェイス状態なのだ。

三つ目のヒャ〜は、娘の夫（以下、Mくん）が言うところの「ウエルカム・シャワー」。

「インドらしいものを食べさせて」

とリクエストすると、そりゃあカレーだ。

「あえて言うならデリーの〝銀座〟にあたるんやけど」と連れていってくれたエリア（ホームレスも野良犬も悠然といたのだが）の結構ゴージャスな店へ。かなり一般的だというホウレン草とチーズのカレーを「美味しい美味しい」と言って食べたその夜、腹痛に襲われ一晩苦しんだ。腹痛がインドのウエルカム・シャワーなのだった。

「たぶん、油のせいだと思う」

と、娘とMくんは口を揃えたが、これを克服すると、お腹は俄然《がぜん》強くなる。懲りずに、ついつい「次もカレー、その次もカレー」と言いたくなる魔力に満ちた、インドのカレーである。チキンカレーやヒヨコマメカレーなどに挑戦した。

いずれも香辛料の妙！　プロのカレーは、ガラムマサラ（いくつかの香辛料をミックスして作るオリジナルのミックススパイス）が鍵だ。その元になるのも、そこに加えるのも、私にはクローブやナツメグ、クミン、シナモン、ターメリック、唐辛子、ジンジャーくらいしか思い浮かばないけれども、たぶんそんなもんじゃない。無数の初めての香りが混ざっているような。いきなりクッとくる香り、じわじわ喉にくる香り、胃に入るや否や全身に充満していく香り……。本場はスゴいと感嘆したが、Mくんがふいに言った。

「でも、日本の食はやっぱりスゴいとつくづく思いますわ」

はい？

Mくんのインドでの勤務先は、自動車の部品を製造する工場である。二百人ほどの現地人ワーカーがいて、彼らはお弁当持参で働きに来る。丸いステンレス製の、三段、四段に重ねたお弁当箱。一段にはご飯、残る段には、具や香辛料違いのカレーのルー。社員食堂で提供するのもカレーのルーのみ。つまり、彼らのランチは一年中カレー。家で朝食も夕食も毎日カレー。ドライカレーやジャガイモのカレー炒めなども稀《まれ》に食卓に上がるが、カレー風味一辺倒。おまけにベジタリアン多数。比べて日本は……としみじみ言うのだ。

滞在中、私は娘とMくんの家に泊まった。朝ご飯に、娘とMくんは私が持って行った卵で、卵かけご飯を食べた。「美味しい美味しい。これに飢えていた」とかなんとか言いながら。実は、インドに来るにあたってこっそり差し入れてほしいと頼まれていたのが卵。もちろんインドにも卵は売っているが、殻にサルモネラ菌がいっぱい。生では無理なのだとか。

ぱくぱくと卵かけご飯を食べながら、

「コレ食べると、アレ思い出すなあ」

とMくんが言うアレが「大根おろしご飯」とわかって、私も娘も首をかしげた。そんなの、聞いたことないよ。

Mくんの実家は滋賀県大津市。朝ご飯に、大根おろしをたっぷりご飯にかけて、よく食べたのだという。

「大阪は大根おろしご飯しないの?」

「しないしない」

「美味しいのに」

「ご飯が水分でべちゃべちゃにならない?」

「それが苦手だったら、水分を軽く絞ってかけてもいい。石川県の友だちも食べると言っていたから、大根おろしご飯は北陸のほうから入ってきて滋賀で止まったのかもねえ」

だとしたら、北陸へはどこから来たのか。日本海沿岸をくだってきたのか。まさか中国大陸からではあるまいし。などと、インドで大根おろしご飯のテキトーな来歴にまで頭をめぐらせたその日、早くも私はあっさりしたものが恋しくなった。

3 変わらぬ味

二井利治《ふたつい》さん（78歳）

牛ヘレとパンの最強コンビ

グリル梵《ぼん》
大阪市浪速区

「皆は私のこと“へんくつ”やと言いますけど……」。実は歌舞伎が好き。子どもの頃から片岡仁左衛門の舞台を見てきた

通天閣の足下にあるジャズ・バー「ベビー」で、小腹がすいていると、マスターがコレの出前を頼んでくれる。「美味しいですやん」と、連れと半分こして、初めて食べたのはもう20年以上前だ。と思い出しながら久々にやって来た、やけに若者と外国人が多い新世界。

路地にかかる「グリル梵」の暖簾《のれん》は昔のままだ。ガラスに木枠のドアをギーと開けて入ると、たちまち昭和へタイムスリップする。テーブル3つとカウンター席の小さな洋食店。黒電話、レジスターと呼びたくなるレジ。壁には若山富三郎と店主が並ぶ大きな写真。レトロな店内を描写し始めたら切りがないからやめる。

「ヘレカツサンド？　1961年の開店からのメニューです。オーダーを聞いてから肉をカットして作るので、ちょっと時間かかりますけど」

口調はおっとり、作業はきびきび。二井さんは、関学ボーイである。

牛ヘレ肉は、最高級の赤身。パン粉は自家製で、「ミキサーにかけて、粗めに挽いている」そうだ。サラダオイルで揚げる。「醬油や酒、味醂《みりん》など和のエッセンスも配合して1週間煮込んだソース」をつけ、軽く焼いたパンに挟み、包丁を入れる。

銀のお皿に6切れ。お肉は軟らかく、カラッと揚がっている。熱々。嚙みしめると肉汁があふれる。あっさりのソース、さくっとしたパンとの相性抜群。にんまり

ヘレカツサンド1890円

しちゃう味なんだな、これが。

〝企業秘密〟を尋ねると、「メリケン粉に粉チーズ入れているんですね」とさらり。神戸オリエンタルホテルで修業した先代の直伝か。冷めても美味しいから、テイクアウトする人も多い。

グリル梵

大阪市浪速区恵美須東1の17の17
電話:06-6632-3765
営業時間:12:00〜14:00、17:00〜20:00
定休日:6・16・26日
アクセス:地下鉄堺筋線恵美須町駅より徒歩4分

※取材後、長男の宏始さんに店主を譲ったが、店には出ている

土田八滋《やつし》さん (64歳)

ブレない味には秘密ナシ

みその橋サカイ
京都市北区

「冷麺といえばサカイ、サカイといえば冷麺」と言われるようになって幾年月。冬でも冷麺客多し

焼豚冷麺720円、ハム冷麺670円

これだけ暑いと、京都のアレが食べたくなるよねえ。うん、あれあれ。上賀茂のほうのナントカ橋のアレ。

寄る年波に勝てず、会話に代名詞が多くなった。が、仲間うちではピンとくる。ビューンと車を飛ばして食べに行こかとなる。「みその橋サカイ」の冷麺のことだ。

「うれしいですな。そんなこと言うてもろたら。昭和57年に開店してから、もっともっとともっとと（味を）追いかけてきた甲斐《かい》ありますわ」とにっこり。

卵入り？　と思いがちな太めの黄色い麺は、クチナシで着色しているとか。

「硬い、軟らかい、細い、太いと製麺屋に文句ばっかり言って、微調整してもろてます」

機械での均一裁断だが、その日の天候や湿度によって製麺後、膨らんだり縮んだり、味も微妙に変化するからだそう。いやはや、ツルンツルンの喉越しの麺は、いつ行ってもブレなし。鶏ガラスープがベースの胡麻ダレのコクもブレなし。

鶏ガラスープを作っている最中の鍋を見せてもらって驚いた。直径1メートルもの大鍋にガラが隙間なく。いや、折り重なるようにゴロゴロと大量に煮立っていたからだ。

「95%かしわ、5%豚の背骨」の配分だそう（「かしわ」って久しぶりに聞いた！チキンのこと）。これを3時間ばかり。1日寝かして脂臭さを抜く。高級料亭がこぞって使う「千鳥酢」も配合――などと手の内を明かすから、近頃はまねる店も少なくない。

「ははっ。パクられるのは、美味しいからでしょ。いいことやと思ってます」。いたって鷹揚《おうよう》な言に、自信のほどを見た。

みその橋サカイ

京都市北区大宮東総門口町38の3
電話:075-492-4965
営業時間:11:00〜23:00(ラストオーダーは22:30)
定休日:月曜(祝日の場合は営業)
アクセス:地下鉄烏丸線北大路駅より京都市バス・大宮田尻町 下車すぐ

やっこ
奈良県吉野町

龍見伸輔さん（56歳）
穏やかに醸す、吉野の柿の葉

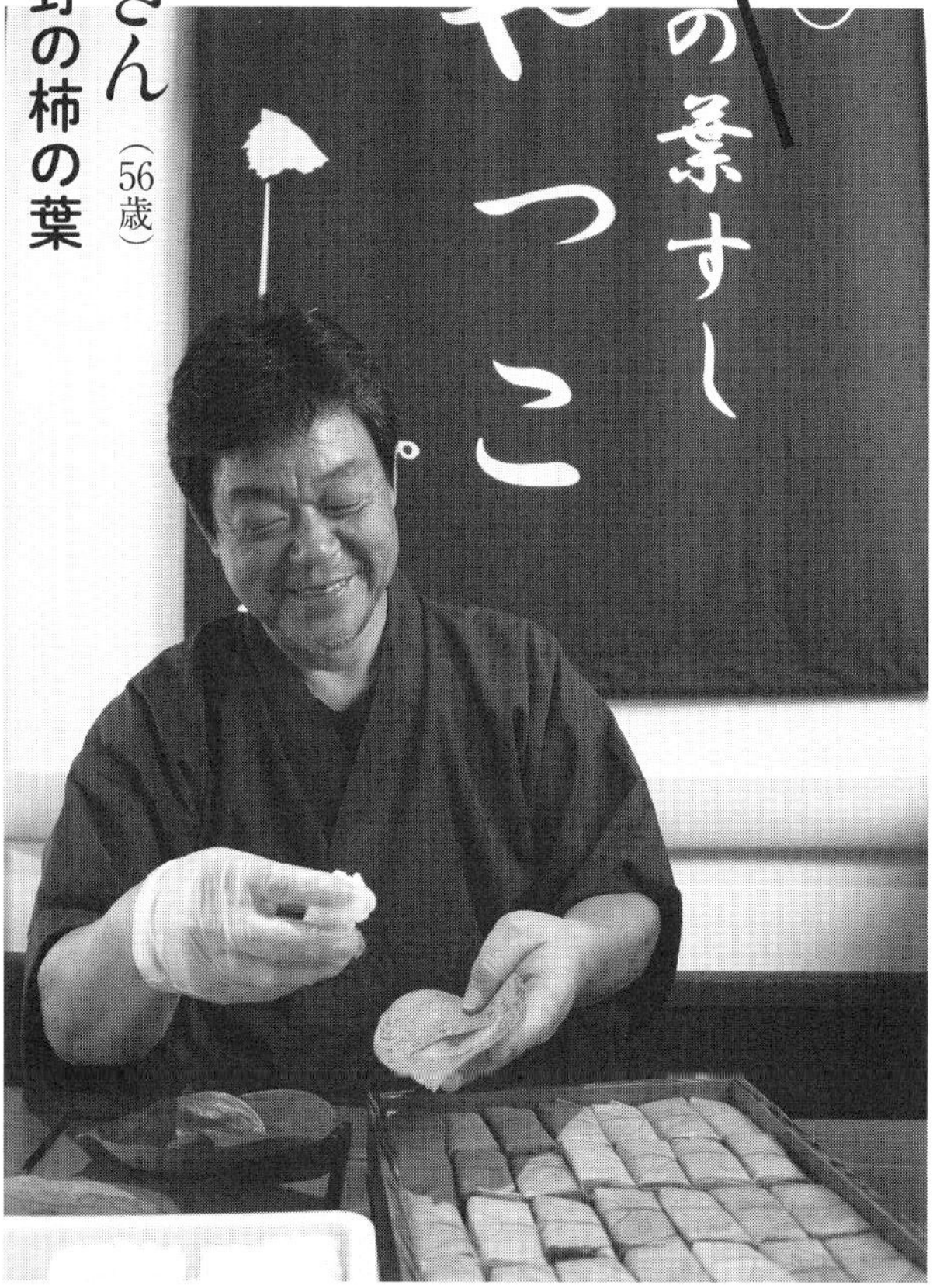

「主人、写真撮られるのが苦手で、えらい照れてますわ」と妻の圭子さん

春に負けず劣らず、秋の吉野は美しい。紅葉には少し早い時季の訪問だが、金峯山寺《きんぷせんじ》・蔵王堂《ざおうどう》前の「やっこ」に着き、窓辺の席から山また山の風景を見下ろす。桜ももみじも、仲良くちらほらと色づいている。

お目当ては、紅葉した柿の葉に包まれた柿の葉寿司だ。「いや、風味は（普段と）一緒ですよ」といなされたが、心なしかトロ鯖の塩味との馴染み感がいいような気がする。「目の届く範囲しか、よう出さんのです。というか、手が回らんのです。脂ののった鯖から、余分な脂を抜いて、臭みをなくす秘密の工程もあるし、塩だけで1週間漬けて、その間加減も見ないとあかんし。昔の味を守るというのも結構忙しいんですよ」

デパートにもどこにも出していないから、ここに来なければいただけない。聞けば、どんどん教えてくれる。「ご飯はコシヒカリのツヤのあるものと粘り気のあるものをブレンドして3升炊き。沸騰直前の熱々のお酢と、砂糖と塩を合わせて調味する。22歳からずっとです」。

その昔は、三重県の熊野に揚がった鯖がひと塩され、山越えをして運ばれてきた。もう一度塩漬けし、握った酢飯に載せて柿の葉に包んだ。吉野の人たちが祭りの日のご馳走にした。これを戦後商売にしたのは、大正時代から食堂を営んできたこの店が初だったとされる。

うんちくはこれぐらいでいいか。３代目が、高校の同級生だった妻・圭子さんと一緒に朗らかに醸す味は、実に穏やかで、柿の葉の香りともども、雅《みやび》さすら感じるのである。

折りを買って帰り、１日寝かせた。より深みのある味になっていた。

柿の葉寿司（持ち帰り／鯖と鮭10個、1400円）。
店内食事処では、吸い物付き7個1050円など

やっこ

奈良県吉野郡吉野町吉野山543
電話：0746-32-3117
営業時間：9:00〜17:00
定休日：水曜（4月・11月は無休）
アクセス：吉野大峯ケーブル吉野山駅より徒歩10分

西松三《しようぞう》さん（47歳）

細心一杯の「総合芸術」

黒門さかえ
大阪市北区

上品、滑らか、つるつる、コシしっかり、ほんのり甘みがある……。驚きのうどんがこの人の手から

薄色のふっくらとした「これぞ関西風」と叫びたいつゆに、爪楊枝ほど細くコシしっかりの細うどん。コラーゲンにくるまれてる？　みたいにヌルヌルしたキノコに、香り麗《うるわ》しい刻みネギ。４者の味が一体となった「山えのきうどん」（秋〜初冬の限定品）が、美味しいったらありゃしない。一滴のおつゆも残さず、器を空にした。「うどん」じゃない。きれいな関西弁の抑揚で「おうどん」と呼びたい——。

「これはご馳走ですね」と申し上げたら、少し険しい顔つきで立ち働いていた西さんが、にこっと笑った。

「素材とうどん出汁を合わせて一つの料理にするんやと、初代に教え込まれたんです」

店は、１９５０年代の大阪・ミナミ、黒門市場の屋台から始まった。細麺なのは、客を待たせないよう、90秒で茹で上げるため。ウルメ、メジカ、サバで出汁をとり、ほんのり醤油の香りが立つつゆが、その細麺に見事に染み込む。評判を呼び、そうそうたる会社の社長らが、キタから黒塗りのリムジンで食べに来て、「近くに移って来て」。１９７５年に堂島に移転したそうだ。

「学生だった20歳のときに軽いノリでバイトを始めた」という西さんだが、「まるで魯山人《ろさんじん》のように器、音楽、絵画、花、布などあらゆることに造詣が深かった初代」の薫陶《くんとう》を受け、深遠な味の世界の人となった。

修理に1年かかるという輪島塗の椀に目をやりながらそんな話を聞き、ここのおうどんは「総合芸術」だから、ちまちまとレシピのコツを教えてもらおうなんて愚《ぐ》だと思った。

西さんが店を継ぎ、もう20年。かきあげ天ぷらうどん、カレーうどん、えびコーンうどん……。おうどんばかりか、サンマの有馬煮、鯛の子煮、梅の甘酢漬けなど一品の味も洒脱《しゃだつ》。夜は、さくっとおうどんを食べに来る客と、居酒屋利用しておうどんで締める客が半々だ。

山えのきうどん1080円(夜のみ、秋〜初冬限定品)

黒門さかえ

大阪市北区堂島1の4の8 廣ビル1階
電話:06-6344-0029
営業時間:11:30〜14:00、18:00〜23:30(ラストオーダー)
定休日:土・日曜・祝日
アクセス:JR東西線北新地駅より徒歩5分

柏井誠次さん（61歳）

いま絶好調の椎茸餃子

春雨
大阪市北区

接客は得意でないが、伊藤整、ローマの休日、フランシス・レイ、競馬についてはいくらでも語れる

年の瀬に、今年もよくがんばりましたと自分へのご褒美のために、この居酒屋へ。

「お久しぶりです」

「えらい寒なりましたねぇ」

とあいさつを交わしつつ、カウンター席に座り、とろけるような中トロときずしをひとまず生ビールで。一人酒の楽しみを覚えて十数年。にんまりする自分ににんまりし、そして、「あれお願いします」。

すると、「自分で言うのも何ですけど、あれ、この頃絶好調で……」との返事が。

「あれ」とは椎茸餃子のこと。ポン酢につけてつまむと、「絶好調」の3文字がすこんと腑《ふ》に落ちる。主役を張る挽き肉の粘りと、肉厚の椎茸の甘み、軽やかにサラダ油を含む衣がまさに三位一体となって口に広がったのである。名物メニューになって長いですよね？

「発明したのは（笑）、昭和の終わり頃でしたか」

天ぷらに使った椎茸の軸が余り、もったいないから刻んで下味を付けて、椎茸餃子を考案したという。ニラやキャベツの切れ端を加えたり、下味を工夫したり。

「ここにきてシンプル・イズ・ベストになったんです」とさらりと言うが、豚ミンチの「こねすぎず、こねなさすぎず」のさじ加減の妙。塩、胡椒、濃い口醤油だけでの味付けの妙。見事なホームランを放っているのだ。

ルーツは1933（昭和8）年に大阪駅前に祖父が創業した5階建ての料亭。大家族での大衆居酒屋の時代を経て、2012年にここ、北新地へ。今は夫婦ふたりで切り盛り。そんな話を、私自身のこの1年も思いながら、熱燗《あつかん》の手酌で聞く、なかなかの夕べとなった。

椎茸餃子700円

春雨

大阪市北区曾根崎新地1の7の8
新日本新地ビル4階46号
電話：06-6344-5526
営業時間：16:00〜23:00
定休日：日曜・祝日
アクセス：JR東西線北新地駅より
徒歩2分

榎文男さん （63歳）

瞬時に惚れ込む 不思議な深み

一芳亭《いっぽうてい》本店
大阪市浪速区

「おかげさまで」「感謝を忘れず」と、いつも思っている。趣味は釣り。好きな音楽は演歌

黄色いシューマイだ。黄色の正体は卵。超がつくほど細かくみじん切りにした新タマネギが、エビ、豚ミンチと共に、みめ麗しく薄焼き卵でくるまれているのだ。新タマネギと卵のほんのり甘さの効果か、まろやかでジューシー。いくつでも食べられる。あとでゆっくりと深みとコクがしみてくる、不思議な食後感がある。

１９３３（昭和８）年の創業以来、「華風料理」を看板に掲げる。「中華」ではなく「華風」なのは、中華料理に倣いながらも、日本人の口に合うようアレンジしているというメッセージだ。

「卵で巻いているのは、戦後の物不足のときに小麦粉が手に入らず、比較的手に入りやすかった卵で代用したからだそうです」

そう説明してくれた3代目店主の榎さんは、自身もこのシューマイの味に瞬時に惚れ込み、従業員になった人だった。

「19のとき、新世界で寿司屋をやってた兄貴に連れられてこの店に来たんです。美味しすぎて、おかわりばっかりして『お前、なんぼほど食べるねん』って笑われて……」

その日の夕方には、白衣を着て働いていた。作家の池波正太郎や今東光《こんとうこう》がひいきの店と知るすべもなく、ひたすらタマネギの皮をむく下働きを4年。23歳からの10

年、来る日も来る日も薄焼き卵作りに明け暮れた。

今は、1キロほど離れた工場での機械生産だが、機械から出てきたシューマイは、「一つずつ手のひらで、愛情を込めて握り戻しをするんです」。そして店に運ばれ、昔ながらのアルマイトの蒸し器で湯気をあげてからお客の元へ。

吉本の芸人さんにファンが多いようで、テレビでお馴染みの人がよくパクついているもよう。

榎さんは、鹿児島県・甑《こしき》島の出身。2010年に店主を継いだ。

しゅうまい5個入り320円

一芳亭本店

大阪市浪速区難波中2の6の22
電話:06-6641-8381
営業時間:11:30〜20:30
定休日:日曜・祝日
アクセス:地下鉄御堂筋線または南海電鉄なんば駅より徒歩2分

張克正《ちようかつまさ》さん（56歳）

足して引いて自慢の味

淡水軒
兵庫県神戸市

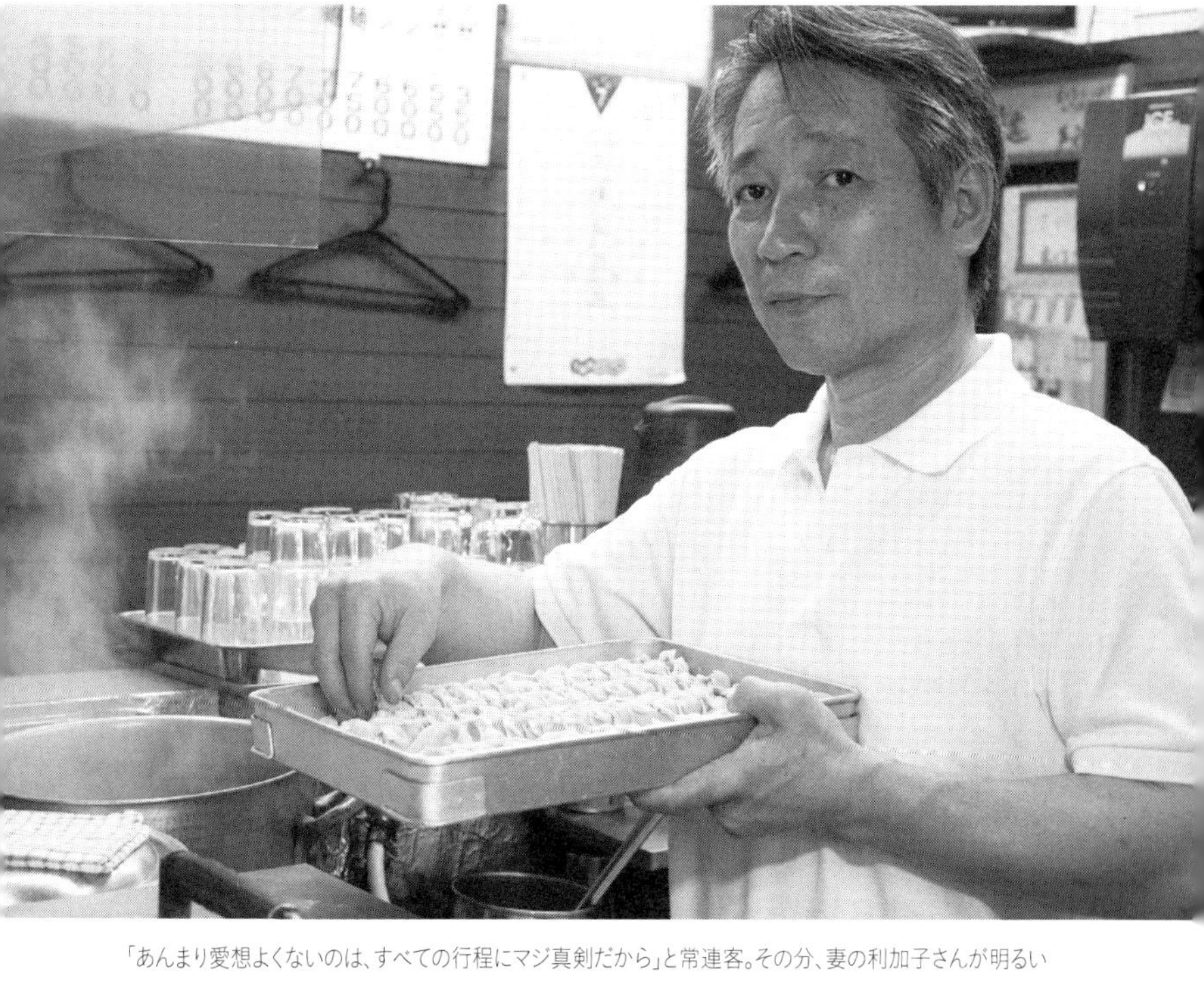

「あんまり愛想よくないのは、すべての行程にマジ真剣だから」と常連客。その分、妻の利加子さんが明るい

「神戸に水餃子数々あれど、一番や」と、神戸っ子たちが太鼓判を押す。「淡水軒」は、JR元町駅西口すぐの高架下にある、L字カウンターに10席のベタな中華屋さんだ。壁に貼られたメニューも「長くここにいます」と発している。さっそく「特製水ギョーザ」を注文する。

ボリュームのあるのが7つ出てきた。真白き姿が4つと、大葉が透けて見えるのが3つ。頬張って、びっくりした。厚めの皮はモチモチ&プリプリで、具は甘みと旨みがぎゅっと凝縮。大葉入りのほうはフレッシュな香りもグー。「こんなお味、初めてです」と思わず申し上げる。

一見ヘンクツそうだった店主・張克正さんがにこっとした。「何か特別なもの、入ってます?」と聞いてみる。

「野菜は白菜2にキャベツ8の割合です。豚ミンチは赤身2に白身1。そこまでは焼き餃子のアンと共通ですけど、水餃子は豚ミンチ量を増やし、干し椎茸とエビも加えて、肉質感を出しているんですね」

野菜は甘みを残すために塩水で洗って自然脱水させるとか、アンはまる1日、皮で包んでからも3時間余り寝かせるとか、奥義を教えてくれる。意外に饒舌《じょうぜつ》。話せば話すほど、笑顔が増えていく人だ。

「ベースの味から、足し算・引き算。試行錯誤してきました」

台湾の港町、淡水から神戸にやって来た張さんのおじいさんが1971（昭和46）年に創業した。張さんは大学4年から店に立ち、3代目に。子育てが一段落した10年前からはアン作りを「お姑さんに教わった」という妻・田路《とうじ》利加子さん（56歳）が加わり、仲良く二人三脚している。

特製水ギョーザ550円

淡水軒

兵庫県神戸市中央区元町高架通2の138
電話：078-321-1546
営業時間：12:00～14:00、17:00～22:30
（土・日曜・祝日は12:00～20:00）
定休日：水曜
アクセス：阪神本線元町駅より徒歩2分

串かつ ちとせ

大阪府東大阪市

田中裕之さん（51歳）
正己さん（76歳）

「体に悪いもん」は、うまい

「匂いも湯気も写してくださいや」と口をそろえるおふたり。新世界発祥にちなみ、店先に黄金色のビリケンさんがいる

新世界・ジャンジャン横丁に戦前からあったシブい小さな串かつ店「ちとせ」がいつしかシャッターを下ろした。大将、まさか？　いや、どっこい健在。息子の裕之さんが開いた東大阪のきれいな店で元気に串かつを揚げてはりました。

「前の店からのお客さんは、入るや否や『串３本、どて３本』て言わはるからすぐにわかりますわ」

「串」は牛肉の串かつ。「どて」はどてやき。以前は「手が回らないから」とタマネギ、ししとう、豚、大エビなど15種類だったが、この店では紅しょうが、チーズ、山芋などを加え30種類以上に増えた。が、やっぱり「串」からいただこう。

ソースにボチョンとつけて、熱々をがぶっ。旨みたっぷりの衣がカリッ。肉も軟らかい。「国産和牛の内モモ」だそう。オーケイオーケイと悦に入っていると、「大きい声では言えませんが、〝体に悪いもん〟はうまいんですわ」と裕之さんが大きな声でおっしゃる。

いわく「世間の健康志向とは真逆」と思われがちな精製牛脂を、揚げ油に使用。山芋をたっぷり混ぜた衣には「秘伝の調味料」を入れているのが味の秘訣とのこと。新世界の店で常連たちが「人間も動物やから、動物性の油が体に馴染むんや」「労働者の〝心の串かつ〟よ」と言ってたっけ。

どてやきは、牛すじを塊で仕入れて2時間以上ボイルした後、何度もお湯で洗って脂を落とし、白味噌とざらめ砂糖だけでぐつぐつ煮込んである。ごめん。私はそもそも苦手なのでいただかなかったが、同行のカメラマンがあっという間に5本平らげた。

「いずれは店を継ぐんだろうな」と思っていた裕之さんが繊維商社勤めを辞めて、2008年に開店。「新世界の味を東大阪で」と父子の息もぴったり、である。串かつもどてやきも5本から持ち帰りも可。

牛串かつ100円、どてやき100円

串かつ ちとせ

大阪府東大阪市下小阪5の5の25
電話:06-6728-3332
営業時間:17:00〜23:00
定休日:月曜(祝日の場合は翌日休)
アクセス:近鉄奈良線八戸ノ里駅より徒歩4分

サンドイッチ

ビクトリー

大阪市西区

足達泰司さん（70歳）
邦子さん（66歳）
永井有紀子さん（41歳）

やっぱり、ウチのが一番

店はビジネス街の景気のバロメーター。「残業用に」との大量注文が、以前は毎日。この頃はときどき

大阪市西区にあるＹＭＣＡの英語学校に通っていたとき、クラスパーティーはこの店のデリバリーと決まっていた。米ケンタッキー州から来た先生が「オー、僕の国のサンドイッチよりずっとオイシイ!!」と大げさに称賛してたっけ。

30年以上前のそんな光景を頭に浮かべて、3年ぶりにこの店にやって来た。土佐堀通近くの路地にある小さなサンドイッチ専門店。

「な〜んも変わってませんわ。年とっただけ（笑）」と、ご夫妻。29種類ものサンドイッチ・メニューがある。

定番中の定番「カトルフィッシュサンド」を注文したら、待つこと10分で供された。カトルフィッシュ（イカ）のフライが、サラダ菜、タルタルソース、ゆで卵、トマトを従え、絹目のように滑らかなパンに挟まれている。熱々をいただく。すっきり、晴れやかなお味。

新婚の頃、邦子さんが泰司さんのビールのアテにイカのリングフライをよく作った。「これ、もしかしたらイケるかも」と、サンドイッチに応用。「イカではダサい」と、英語の名前にしたそうだ。

「作り方？　特別なこと、なんにもあらしません」と言うが、さっぱりしたムラサキイカを用い、「最初強火、次に中火にして」と揚げ油の加減にも工夫の累積あり。

泰司さんの父が、1925（大正14）年にキタのビジネス街にサンドイッチの屋台を出したのが始まり。店名は、「他店に勝て」とお客がつけたとか。今は、「あちこちで食べましたが、ウチのが一番」と、長女の有紀子さんがフロアを軽やかに担当している。

カトルフィッシュサンド（コーヒー、プチサラダ付き）720円

ビクトリー

大阪市西区江戸堀1の23の31
電話：06-6441-4147
営業時間：9:00〜17:00（土曜は〜16:00）
定休日：日曜・祝日
アクセス：地下鉄四つ橋線肥後橋駅より徒歩5分

かき氷・ぜんざい

甘党・喫茶 ハマヤ

大阪市西成区

浜口ひろしさん（68歳） 陽子さん（64歳） 和《なぎ》人《と》さん（37歳）

やさしさに包まれて

「怖い顔してはった人が、食べ終わったら和やかな顔になってはるの、うれしいですね」と陽子さん（右）

宝塚に住む、古希を迎えた知人が「どんな氷を使ってはるのというほど美味しくて、毎夏必ず1回はお仲間と遠路いただきに行くの」とかき氷を絶賛し、南海萩ノ茶屋駅前にあるこのレトロな店を教えてくれた。

さっそく訪れて、目が点になったことが記憶に新しい。氷がものすごく細かくかかれていて、口に含んだときの滑らかさが尋常じゃない。金時を頼んだが、ほろ甘いあずきも上質この上なかった。

取材に再訪した10月下旬は、かき氷は終わっていて、ぜんざいを頼んだら（そのため写真はぜんざいのみ）、これもとびっきり。あずきと餅が仲睦《むつ》まじく共演している。優しい甘さが口に広がった。

「昔はお客さんの9割方が仕事帰りにまっすぐ寄る労働者の方々でした。夏は体が焼けてはるからかき氷。冬は寒いからぜんざい。ウチで食べてから風呂屋行って飲みに行くというおっちゃんたち……」

そう、近辺は労働者の町。浜口さんの母が始めた1951（昭和26）年からおっちゃんたちを癒してきた店だ。こんなにも味のレベルが高いのはなぜ？

「お金を稼ぐより、続けていくことが大事かなと」

やんわりかわす浜口さんだが、ポツリポツリと教えてくれた。かき氷の氷は「氷

ぜんざい320円

冷蔵庫」で保存して「凍る直前」の状態を使用、かきながら刃をミリ単位で調節する。ぜんざいのあずきは北海道産、砂糖はきざら（中ザラ糖）に限り、一升炊きし、いったん冷ましてからまた炊いていると。

フロアに立つのは、やはり物腰やわらかい妻の陽子さんと、日本中を自転車旅した後に２０１５年春から手伝いだした長男・和人さん。車椅子でやって来た高齢客がそのままテーブルにつけるよう、手を貸す２人の動作がとても自然だった。

甘党・喫茶ハマヤ

大阪市西成区萩之茶屋2の11の22
電話：非公開
営業時間：11:30～18:00
定休日：日曜
アクセス：南海高野線萩ノ茶屋駅すぐ
※かき氷金時300円（5月5日～10月10日）

川崎雅弘さん（42歳）

下町に輝く玉子焼き

ふなまち
兵庫県明石市

「明石では、これも、お弁当に入れるのも『玉子焼き』。状況でわかるから、別にややこしくないですよ」

玉子焼き(20個)550円

明石浦漁港のほど近く。旧町名を店名にした「ふなまち」は、明石焼きの店数々あれど、地元の友人たちが一も二もなく推す店だ。

店内は、ざっくばらんな雰囲気。お兄さんたちが大きな焼き器に溶き粉を流し入れ、長い箸でリズミカルに丸めていく様子が、相席のテーブルから丸見えで、期待が高まる。

傾斜する桐の板皿に、たこ焼きよりひとまわり大きい、直径5センチ大のまんまるい球体が20個載って運ばれてきた。見るからにフワフワ。立ち上る湯気までフワフワ。球体は黄色く輝いていて、地元で「玉子焼き」と言うのも、さもありなん、と。

まず、そのまま食べる。熱っ。ふんわりの生地と、とろ〜んと軟らかい中身、タコの旨みが相まって、妙味が口に広がった。出汁につけると、とろけるような甘味がさらにさらに。「お箸で穴を開けて出汁を吸わせるといい」との推薦者の指南を思い出し、やってみたら、なお美味しい。

「45年前に主婦が家計の足しに始めた昭和の下町的な店です。日々の注文をこなすのが精一杯で、その頃から味はそう変わってないと思います」と、創業者一家の親戚筋にあたる川崎さん。玉子焼きの溶き粉は、小麦粉と沈粉《じんこ》（小麦粉からグルテンを取り除いたもの）、昆布と鰹がベースの出汁、卵を混ぜて作る。「配分の妙と火の強さ」が味を決めるそう。

この店の難点は人気がありすぎること。私は10時半の開店と同時に入ったが、店を出るときには、店頭にすでに行列ができていた。「現役の頃、遠方からのお客さんを、駅からよく案内したものです」という元タクシー運転手さん（70歳）もいらした。

ふなまち

兵庫県明石市材木町5の12
電話：078-912-3508
営業時間：10:30〜18:00
定休日：金曜、第2・4木曜
アクセス：JR山陽本線明石駅または山陽電鉄本線山陽明石駅より徒歩11分

お好み焼
明石名物
玉子焼
ふなまち
ふなまち

お咎めなし

私は、おっちょこちょいである。

出先でモノを忘れるのはしょっちゅう。つい先日も出張先の新潟のホテルに、お土産に求めた鮭の昆布巻きを忘れ、電話して送ってもらった。昨日は最寄りの駅に着いてから、カレーのルーを温めていたガスコンロの火をつけたままだったかもと不安になり、大急ぎで家に戻ったら、ガスコンロの火ではなく、寝室の電気とテレビがついていた。

先月は、占い師さんのお世話になった。大切なインタビューを録音したICレコーダーが家のなかで「神隠し」にあい、探しても探しても出てこなかったからだ。凄腕の占い師さんは、「腰の高さにある茶封筒の中でしょう」とヒントをくれた。急いで家に帰って、ヒントどおりのところを探す。幸い出てきて、救われた。

おっちょこちょいの始末に、時間もお金も使っている。ほんまにアホやわ。と、深いため息をついているとき、岩手県に住んでいる息子から、珍しく電話がかかってきた。用件はシンプルな頼みごとだったので、了解すると、すぐに電話を切られそうになった。私としては、せっかくかかってきた息子の電話を少しでも引き延ばしたい。

「この頃さあ、あたしヤバいのよ。昨日は部屋の電気をつけっぱなしで出かけたし、先週は新潟のホテルにお土産忘れてきたし」

と言ってみる。息子は二十六歳。親との電話が面倒くさいだろうことは、自分があれくらいの年齢だった頃のことを思うと、重々承知している。

「そうなん、気ィつけや」

あっさりした応答で、再び切られそうになったから、こういうときは弱みを見せるのも手だと考える。

「この調子でマジにヤバくなっていったらどうしよう。あなたたちに迷惑はかけたくないけどねえ」

殊更《ことさら》に言ってやった。すると、

「大丈夫。オカンのおっちょこちょいは今に始まったことと違うから」と。

上げているのだか下げているのだか。「それくらいのことで驚かんわ。サイアクに恥ずかしかったこと、少なくとも二回あったし」と、十年以上も前の話を持ち出した。

一つは、息子の高校、娘の大学入学祝いにと三人でK屋レストランへ行ったときのこと。普段の外食よりワンランク上の、チェーンの郊外レストランだ（かといって、すごく高級ではない）。「いいよいいよ遠慮しなくて」。食べ盛りだった彼らは、肉料理のコースをたっぷり食べたと思う。さて、ごちそうさま。レジでお会計しようとすると、財布がない。財布がないからカードもない。当然、彼らも持っていない。あわや、食い逃げである。

「す、すみません。家に戻ってすぐに財布とってきます」と言うしかない。

お待ちください、となり、店長が出て来られるまで私たちは小さくなっていた。ところが、現れた店長が、

「結構ですよ、次に来られたときで」

常連でもない私におっしゃったのである。恐縮しながら名刺を置こうとしたら、

「大丈夫です。来られたときに、今日の日にちを言っていただいたら、わかるようにしておきますから」

と、名刺も受け取られなかったのだ。翌日、支払いに行った（そして、その後、K屋レストランの大ファンになった）ことは言うまでもないが、

「あのとき、僕らどれだけ恥ずかしかったか」

と息子は未だに言ったのだった。

もう一つは、その日から幾日も経たぬ日、自宅から徒歩五分のCスーパーに買い物に行き（考えごとをしていたのだろう）、スーパーのカゴに入れた商品を袋に移し替えず、黄色いカゴごと家に持ち帰ってきたこと。家にいた息子に「なんでカゴ持ってんの?」と言われて初めて気づいた（むろん、すぐに返しに行って、大事にならなかったが）ということを息子が覚えていて、

「ほんまに難儀《なんぎ》な人やった。ええ加減にしっかりしいや。笑って済まされへんようになったら終わりやで」

電話の引き延ばしに成功したものの、説教されたのだった。

「でもさあ。K屋レストランの件もCスーパーの件も、とくにお咎《とが》めもなかったし、終わりよければすべてよしって感じやんね」と私。

「あのねえ。十年前やったから、やで。今アレやったら、難儀なことになるで」

「いいや。関西はいい〝味〟を出し続けてるから、きっと大丈夫」

根拠はないが、なんとなくそんな気がするのである。

4

遠い場所からやってきて

徐《ジョ》智《チ》剛《コウ》さん（56歳）

下町プライス、本格中華

紫《し》微《び》星《せい》

大阪市北区

牛肉のみそ炒め蒸しパン挟み（1500円）、豚肉の細切り四川風香り炒め（1000円）もおすすめ。店は徐々に拡張し、16テーブル、116席に

前菜に、今度こそ別のメニューを選ぼうと思って来たのに、また口をついて出た。「蒸し鶏の紹興酒糟《しようこうしゆかす》漬けとピータン」と。この2品、どんなに口が肥えた人を連れて来ても、びっくりさせるのだ。ことほどさように今日もまた。

天満の路地に面した「紫微星」。あるよね、中国に行ったらこういう店がたくさん。そんな感じの食堂である。

「鶏と豚の背骨で、6時間炊くスープが基本。旨みがちゃんと出るのは背骨やからね」

と、店主・徐さん。蒸し鶏の紹興酒糟漬けは、そのスープでボイルする。八角の香りもふんわり広がる。ピータンは、中国から発酵度合い抜群のものを取り寄せ、生姜を入れた醤油、砂糖に漬け込んでいる。

「高級料理が得意やから」

上海出身。18歳で料理の道に入り、3つ目の職場がホテルオークラ上海。先輩から「日本にチャンスがある」と聞いて1995年に来日。ニューオーサカホテルで腕を振るい、日本語に磨きをかけた。山海の珍味を集めた中国料理の集大成、大満《だいまん》漢全席《かんぜんせき》も作り上げたそうだ。2005年に独立開業した。

メニュー100種以上。北京ダックすら1600円、牛肉の四川風煮込み、マコモ茸《だけ》と豚肉の細切り炒めなど高級店以上の味が1000円ほどと、とことん安い。

この日の同行者を唸《うな》らせたゆで豚バラ肉の麻辣《マーラー》ソースは、件《くだん》のスープの風味に富んだ豚肉とピリ辛ソースの相性最高。チシャトウ（茎レタス）の和え物は、白絞油《しらしめゆ》にネギを加えて炒めたネギ油が隠し味。

若いスタッフを故郷から呼び、育てている。「厨房から聞こえる中国語もこの店の味やね」と同行者が言う。私、大いにうなずく。

蒸し鶏の紹興酒糟漬け700円、ピータン300円

紫微星

大阪市北区天神橋4の12の27
電話：06-6358-7808
営業時間：11:30〜15:00、17:00〜23:00
定休日：無休
アクセス：JR大阪環状線天満駅すぐ

チュウ クァンフィーさん（65歳）
ビンフィンさん（36歳）
皿のなかに故郷愛

ハーランソン
兵庫県神戸市

「たくさんの日本人に助けられたから、料理で恩返ししたい」。国花のハスをはじめ、店内インテリアはベトナム一色

バンセオ（ベトナム版お好み焼き）1330円

「おいしぃ〜」と私。「うまっ」とカメラマン。語彙《ごい》貧弱でお恥ずかしいが、ガブッとやったら思わず。

外はカリカリ、中はしっとりのベトナム版お好み焼き「バンセオ」。豚肉、エビ、キノコなどがたっぷりの生地が黄色みを帯びて美しい。タレのニュアンスもよく、トータル100点満点だ。この味はどうやって？

「生地は米粉で。台湾の米を使って自分で作る。黄色はターメリックで。ココナッツパウダーも入れる。決め手は火力と底の薄い中華鍋。強火で生地を広げ、プクプクしてきたら弱火でしばらく。味がボケないね。タレには魚醤《ぎょしょう》も」

チュウクァンフィーさんは、ベトナム北部ランソン地方の出身。ボートピープルとなって1980年に来日した。

「ワシ運よかった。親戚が大勢一緒やったのに、うちの家族だけ入国できたのは、当時1歳と3歳の『可愛い子どもがいたからやと思う」

傍らで、現店長の長女チュウビンフィンさん（36歳）がにやり。「私が小3のときに姫路（難民定住促進センター）から神戸へ越して。強いママに引っ張られて、この店できたんよね」。

入国後の職業訓練により床屋を営んでいたが、妻の故・ルックレイハーさんが頻繁に食材を買いに行った南京町で〝顔〟になり、「屋台を出さない？」という誘いに応じたのが店の前史。故郷の実家が軽食屋だったから、料理は元より得意。豚まんや揚げパンなど点心を作って売る夫婦の屋台は大繁盛。働きに働き、1999年にこの店を構えた。

「ベトナムは植民地やったから、味にフランスも中国も入ってる。隣のラオスやカンボジアも混ざってる」。遠い目で故郷を思い、がんばる。

ハーランソン

兵庫県神戸市中央区元町通2の2の8
電話:078-331-0477
営業時間:11:00〜15:00、17:30〜22:00(土・日曜・祝日は11:00〜22:00)
定休日:火曜
アクセス:阪神本線元町駅より徒歩3分

C・C《シー シー》・ハイデルさん（50歳）

大好きだった おばあちゃんのレシピ

ビストロ・ニューオーリンズ
大阪市西区

Laissez les bon temps rouler!

赤い壁に白い文字で書いた Laissez les bon temps rouler! は、「楽しい時間を過ごそう！」の意味

「僕の故郷、ニューオーリンズのローカルフーズを日本の皆さんに楽しんでほしいです。僕が知っているかぎりニューオーリンズ料理の店は、ニューヨークにも5軒だけだし、世界的にもかなりレア」

身ぶりを交えて話すC・C・さんの満面の笑顔に魅せられた。

「ニューオーリンズには、フランスの統治時代に、多くのアフリカ人が連れて来られた。カリブ、アフリカ、フランス、アメリカの文化が入り交じる陽気な町の陽気な味」と、通訳のために同席してくれた弁護士の奥さん、檜山洋子さんが補足する。

名物料理ガンボを作ってくれた。カレー色のスープからエビとカニがはみ出ている。魚介のコクじわじわ＋穀物っぽい香りを含むスパイシー＋ちょっぴりネバネバ。スープの底にはソーセージもお米も潜んでいて、う〜ん、いけるいける。重層的な味が口中にまったりと広がった。

影も形も見えないが、この味を密かにサポートするのがオクラ。アフリカ原産とされ、早くにニューオーリンズに入って来た。「西アフリカで、オクラのことをガンボという」んだって。

ラード油で小麦粉を茶色になるまで炒める。それを、エビ、カニの殻と鶏足を炊いたスープでのばすのが基本。タマネギ、セロリ、ピーマンもたっぷり入っている

ガンボ1300円

とか。

「大好きだったおばあちゃんのレシピです」

実は、C・C・さんはコロンビア大学大学院で学んだ英語教育修士。２００９年までニューヨーク州の公立高校の英語教員だったが、マンハッタン郊外のスポーツバーで出会った檜山さんと恋に落ちて来日。２０１２年にこの店を開いた。外国人客も多く、英語が飛び交う。

ビストロ・ニューオーリンズ

大阪市西区北堀江1の15の10
第3川辺ビル地下1階
電話:06-6543-7071
営業時間:17:00〜23:00
定休日:火曜
アクセス:地下鉄長堀鶴見緑地線西大橋駅または四つ橋線四ツ橋駅より徒歩5分

天野聖子さん（32歳）
さわやかに「ねばまぜ」

雨宿り
大阪市西区

山田詠美『無銭優雅』を愛読。ハナレグミ、今村モータースの曲が好き。「根はまじめです」

ねばまぜごはん定食850円

コの字型のカウンターに12席。チェックの青色のカーテン、淡色のタイルが配されたカウンター。店というより、ダイニングルームみたいだ。

「2014年の梅雨時にオープンしたんです。だから、さっぱりしたメニューがいいかなと、コレ出してみたら、思わぬ人気が出て」と、おっとりと話す天野さんは、割烹着《かっぽうぎ》がお似合い。

その「ねばまぜごはん定食」は、鯛の切り身、納豆、半熟卵、刻んだオクラと山芋、海苔、それに刻んだ大根のいぶり漬けを盛ったお皿が出てくる。味付けは、ちょっぴり甘めのお醤油。ぐいぐい混ぜて、真白きご飯にかけていただくと——。

ネバネバともっちりの食感に、スモーキーないぶり漬けがアクセント。実にさわやかなのだ。「この素材の組み合わせは相当考えて?」と聞くと、「いえ、私自身も好きだったので」。コンニャク、にんじん、大根などがてんこ盛りの滋味深い味噌汁は「出汁はゴボウです。母がそうしていたから」だって。

秋田の出身。地元のコーヒー豆ショップに勤めていた20代前半に、「くるり」など関西系のミュージシャンに魅せられ、ライブを聴きにたびたび大阪へ旅行に来た。「この町いいな」。27歳で引っ越してきた。バーでゆるりと働くうち「そうだ、お店しよう」と思った。「バーのお客さんたちが税理士さんを紹介してくれたり、開業資金の借り方を教えてくれたり。やっぱり大阪、好きです」。

さわやかな味も、そんな円転自在な来し方から軽々と生まれたのだ。夜は秋田の銘酒を供す居酒屋となる。

雨宿り

大阪市西区立売堀1の8の1
本町立売堀ビル地下1階
電話:06-6541-8383
営業時間:12:00～ランチがなくなるまで、17:30～23:00
定休日:日曜・祝日、土曜不定休
アクセス:地下鉄四つ橋線本町駅より徒歩5分

吉原三千代さん（44歳）

味噌とカレー、和のハーモニー

ひだまり
京都市上京区

子どもの頃、畑で採れた赤いトマトに砂糖をかけてよく食べたそう。「今も昔も、直感を信じるタイプ」

瓦屋根の家並みが続く西陣に佇《たたず》む紅殻《べにがら》格子の〝町家カフェ〟だ。靴を脱いで、畳の部屋に上がる。間口は狭いが奥行きが深い。6畳二間と4畳半。襖《ふすま》を取り払った畳の空間、和むなあ。奥には、吹きガラスの窓の向こうに緑の裏庭が見える。

「この建物？　築100年ほどですって」

季節の和風カレーを注文する。取材に訪れた4月はタケノコと白菜入りなのだが、ルーの上に鰹節の山だ！　粘度の薄いマイルドな昔風のカレーに、粘り気のある五穀米と胡麻ご飯がスーッとなじむ。「和」が奏でるハーモニーはとっても優しい。かすかな甘さは味噌の味かな。

「濃いめの味噌汁に、カレールーを入れました、みたいな(笑)。お鍋に白菜をぎゅうぎゅうに詰めて、ひたすら炊き込んでます」

麹《こうじ》味噌と麦味噌を調合。具材がグツグツしてきたら、火を止め、味をととのえること3回。そんなひと手間、ふた手間が味に見え隠れしているアイデアカレーなのだ。食後は、香ばしいお茶とフワフワのクリームがマッチした「ほうじ茶オーレ」をゆるりといただいた。

吉原さんは、地元の茨城県桜川市でOLをしていたが、食の道を志し、「それなら関西かな」と、24歳で大阪の調理師学校に入学した。卒業後、おばんざいの店で

季節の和風カレー500円

働き、「和」の魅力にハマっていった。やがて京都へ。住まいを探しているときに出会ったこの建物にひと目惚れし、「えい、やっ」と2003年に店を開いたそう。

どこにそんな行動力が潜んでいるの、と思えるのんびりした口調である。

近所の人も観光客もお客さん。10年ほど前、付近を散策中にたまたま訪れた私も、以来ちょくちょく「こんにちは」しに行っている。

ひだまり

京都市上京区溝前町100の99
電話:075-465-1330
営業時間:10:00〜18:00
定休日:日曜
アクセス:京福電鉄北野線北野白梅町駅より徒歩15分、または京都市バス・上七軒 下車徒歩4分

café ことだま

奈良県明日香村

加藤典子さん（44歳）
早川裕美さん（40歳）

古代史舞台、恵みに一工夫

「憧れの明日香で暮らせて、夢みたい」と加藤さん（左）、「理想のカフェで働けて最高」と早川さん（右）

ことだまランチ(2週ごとに替わる)1620円

久々に冬の明日香へやって来た。澄んだ青空と凛《りん》とした空気に心洗われる。街道沿いの大きな商家建築に、草色の暖簾《のれん》がかかっていた。２０１４年の３月に開店した「café ことだま」だ。

「築２００年弱。昭和初期まで酒造の母屋だった建物です。明日香でこういう店をしたいしたいと口に出していたら、ご縁がつながり、かなったんです」と店主・加藤さんは、黒光りする柱や梁に愛おしい目を向ける。

格子窓から射す日がやさしい濃淡を成すテーブルに「ことだまランチ」が運ばれてきた。

「明日香の四季をお腹から感じてもらいたくて」と、調理師の早川さん。献立は2週ごとに替わる。この日はオレンジと白が織りなす「柿とカブのサラダ」、ナスやインゲンやトマトが詰まった「フタトゥイユ風キッシュ」、ミルフィーユ風の「クリームチーズの揚げ出し豆腐」など。

野菜はすべて今朝方まで明日香の畑に植わっていた。土地の慈愛をひとひねり、ふたひねりした品々である。私がとりわけ気に入ったのは、「紀州うめどりのバルサミコソース」。ちょっぴり入れる奈良県内産の蜂蜜が隠し味だとか。

加藤さんは古代史好きが高じて、2002年に岡山から越してきた。「21世紀の始まりを明日香で迎えよう」と同好の士が東京から発信したネット掲示板を見て、応じたのがきっかけだ。呼びかけ人がのちに夫となるとはつゆ知らずに。

「大津皇子《おおつのみこ》がすっごく好きで、彼のいた土地の上に、いま私もいるのだと思うとワクワクしちゃってます」。そのワクワクが料理に憑依《ひょうい》している。

café ことだま

奈良県高市郡明日香村明日香岡1223
電話：0744-54-4010
営業時間：10:00〜17:00（土・日曜・祝日は〜18:00、ランチは11:00〜14:00）
定休日：火曜・第3水曜
アクセス：近鉄吉野線飛鳥駅より奈良交通バス・明日香観光会館または岡寺前 下車すぐ

衝撃の一杯飲み屋

酒席で聞いたので、誇張があるかも、と最初は思った。経緯はまったく忘れたが、東京のS社の編集者Tさん（五十歳）が語った、飛田《とびた》の飲み屋さんの話だ。

それは『さいごの色街　飛田』のことを「よくまあほんとに、よく取材したね」とかなんとか褒めてくれたことから始まる。『さいごの色街　飛田』は二〇一一年に単行本を上梓し、二〇一五年に文庫になった。十一年かけて飛田の町のありようを追いかけて記した拙著だ。

ご存知ない方のために少し説明しておくと、飛田は一九一八（大正七）年に開設された、およそ四〇〇メートル四方の元遊廓。大阪市西成区にある。戦後は赤線となり、一九五八（昭和三十三）年に売春防止法が施行された後も、かつての遊廓の姿をありありととどめている。今なお、上がり框《かまち》に若い女性がちょこんと座る約百六十軒もの「料亭」が並び、玄関先で「お兄ちゃん、遊んで行ってや」と引き子の「おばちゃん」が通りを歩く男性に声をかける。日本唯一の、そういうエリアのことである。

「飛田にKという一杯飲み屋があってさ。もう二十年も前だけど、何度も行ったんだ」

本に出てきた「まゆみママ」に会ってみたいだの、「おかめ」はどのあたりにあっただの、ひとしきり本の話に花が咲いた後でTさんがそう言ったから、てっきり飛田の「料亭」に上がった後に飲みに行ったのかと思ったら、違った。

二十年前のTさんは、週刊誌の記者だった。全国を取材で飛び回っていて、大阪へもよく行った。「まだまだ景気のよい時代だったからね、夜の町に繰り出して、清も濁もずいぶん楽しんだよ」とのことで、クジラやフグの名店にも行ったし、北新地にも行きつけのクラブがあったそうだが、「下町も好きだったからね」。カメラマンと二人で新世界に行き、串カツを堪能したある夜、ほろ酔いで付近を散歩するうち、その存在は十分に知っていた飛田に足を踏み入れた。

そして、渋い佇まいに惹かれてふらりと一杯飲み屋Kに入った。

「オバアサンが一人でやっていて、あまりきれいでない、カウンター五、六席とテーブル二つ、カラオケの店。ビールを頼んでカメラマンと軽く飲み始めたんだ」

三十歳そこそこで「あまりきれいでない店」に食指《しょくし》が動いたって、Tさん、やるね。

「おつまみ？　柿の種とか、そういう乾き物だったんじゃないかな」

ふむふむ。

「Kママも一杯どうぞ、とやっているうちに、どこかから干からびた別のバアサンが突然するりと現れて、『にいちゃん、ちょっとお相伴させてもろてええか？』ってビールをおねだりするんだ。『どうぞどうぞ』と言うと、いつの間にか同じようなバアサンが四、五人次から次に湧いて出てきて（笑）。『にいちゃん、ワテも一緒にええか？』って……」

バアサンたちは、どうやら店の入口の脇で、椅子に座って訪れる人を待っていたらしい。風景に溶け込んでいたから、店に入るときには気づかなかった。白日夢のようだった、と。バアサンたちと瓶ビールをコップに注ぎつ注がれつ、小一時間。「銀座の恋の物語」をデュエットしたりもした。

「そのバアサンたち、みんな飲みっぷりがすごくよくて、十本も二十本も飲まれちゃってさ。ついに、店の冷蔵庫にビールが一本もなくなるまで飲まれたんだ。衝撃だったよ」

一万円以上のお会計を払わされたが、いわく「〝母なる町〟にいじられる」面白さにTさんはハマった。その後の大阪出張で、三、四回その店に寄った。KママはTさんの顔を覚えていて、行くたび、やはり「バアサンたちが湧いてきて、カモられた」のだそうだ。

……ほんまかいな。

ひょんなことから、Tさんが初回に一緒だったというカメラマンさんとご縁ができ、尋ねたら、

「マジですマジです。いや〜、あのときはびっくり。衝撃でした。僕も〝怖いもの見たさ〟で（笑）、もう一回一人で行きましたよ」

本当だった。誇張はなかった。

ちなみに、その店Kの場所を聞いて、二〇一五年の夏に見に行ったら、すでに閉店して長いと見てとれる建物が残っていた。「K」の看板は朽《く》ちかけながらもかかったまま。壁にツバメの巣が出来ていた。

「日本広しといえども、ああいうバアサンたちは、大阪というか飛田にしかいなかったと思うよ。Kが閉店したのだったら、バアサンたち、どこに行ったんだろうな。生きてたらもう八十代か九十代だろうけど」

と、遠い目をするTさんに、バアサンたちに成り代わって、心の中で「ありがとうね」とつぶやいた。

5

この街が好きだから

一富久《いちふく》
大阪市西成区

岡尾好子さん（76歳）
ほほ笑みのたこ焼き

桃李不言下自成蹊（桃やスモモは口をきかないが、花や香りに惹かれて人々がやって来て、自然に道ができる）という諺が好き

所用で西成方面に行った帰り、花園町に足を延ばした。「一富久」のたこ焼きを食べに。「お母さん」こと岡尾好子さんに会いに。

「ひゃ〜お久しぶり〜。元気してはった?」と、こぼれんばかりの笑顔で迎えられたその日、「今ね、55周年記念で、10個300円にしてますねんよ」と説明あり。

「えっ? いつもはいくらやったっけ?」と聞く私に、「7個320円やんか」と、隣席の茶髪のお客様。「昭和32年からやもんな」と教えてくれる。

「それください」

粉溶き出汁を数多《あまた》の穴に注ぎ込んでタコを落とし、天かすやネギをふりかける手先の動きの速さったら。千枚通しを縦横無尽に操り、丸めていく様の美しさったら。「機能美」って言葉が頭をよぎる。なんだかんだと質問を浴びせる私に、「タコはモロッコダコ。天かすはエビと野菜を揚げたやつ、ネギは露地物の大阪ねぎ。出汁は花かつおと、おかげさんで長池昆布のん、分けてもらってますさかい」と、にこにこ応じつつ、手が動き続ける。

「出汁」の件は、実は私のちょっと自慢。2006年に、共著『大阪名物』(創元社)に掲載したご縁で、お母さんに、最高級の天然真昆布を商う老舗、北区西天満の長池昆布のご主人を紹介した。長池昆布の昆布はかなり高価だが、お母さんは臆せず、「端っこの切れたとこでええから、安うに分けて」と。

さすがさすが。表面カリカリ、中トロトロ、出汁の風味がふっくら、めちゃくちゃ利いている。

「どない?」と聞くお母さんに、指でピースマーク。やっぱりすごいわ。

たこ焼き7個320円、テイクアウトは8個300円など

一富久

大阪市西成区花園南1の9の30
電話:06-6657-0225
営業時間:12:00〜19:30(土・日曜・祝日は11:00〜)
定休日:月・火曜
アクセス:地下鉄四つ橋線花園町駅より徒歩5分

前山博信さん (60歳)
ずずず〜っと続く道

三佳屋《みよしや》
大阪市中央区

「熱い心のつるつるうどん」が店のキャッチフレーズ。若い頃、若大将・加山雄三に憧れた。「明るい楽天家ですわ」

きつねうどん定食900円(きつねうどん単品は650円)

千日前道具屋筋近くの小道に店がある。入るや否や、おお！　これこれ。これこそ我が大阪の匂いやと。

「まあ行ってみて。びっくりするから」。友人の推奨を受けてやって来て、まずはときつねうどんを注文した。堂々2枚のお揚げさんは、ほんのり甘く口あたり良好。麺は表面がツルツルで、中がしこしこ、コシしっかり。そして何より、昆布と鰹節の香りがとことん立っている出汁がたまらん。一滴も残さず飲み干し、「いや〜。まいりましたわ」と、口をついて出た。

「この間、『マジ行き詰まって死のうと思ってたけど、(このうどんを)食べて、やっぱり生きようと思った』言うてくれる人いてね。僕、30何年やってきて、ほんまに良かったと思ったんですわ」

にこにことスゴいことをおっしゃり、「人の道って、ず〜っと続いていると、この頃思いますねん」とも。

はい？

「僕、近大農学部の食品栄養学科の卒論、偶然にも蕎麦とうどんの加工やったんです」商社を「なんか違う」と辞めて、25歳で調理師学校へ。玉造《たまつくり》にあった「力餅食堂」で働いたそう。大将の出汁のとり方をトイレでメモする日々を送った。麺は人気チェーン店の会長の薫陶《くんとう》を受け、１９８７年に開店した。

「羅臼《らうす》系の鬼昆布を使ってます。たっかいけどね。麺は国産小麦粉１００％。状態や温度や湿度で微妙に加減するけど、小麦粉25キロに対し、平均すると塩水10リットル。練り上げるとき、つるりとした食感を生む『金胡麻』を投入してます」

とにもかくにも太鼓判。定食のかやくご飯からも丁寧な仕事ぶりが伝わる。

三佳屋

大阪市中央区難波千日前9の17
電話:06-6643-2220
営業時間:11:00〜23:00
定休日:木曜
アクセス:地下鉄御堂筋線または南海電鉄なんば駅より徒歩2分

くろちゃん

大阪市東成区

黒田勇治さん（67歳）
伊藤喜代子さん（62歳）

大阪自慢、盛りだくさん

モダン焼きミックスは厚さ4センチ以上。「ウチのん大きいから、"小"で十分やで〜」

町工場や民家が密集した街区にある、赤いテント看板が目印のお好み焼き屋さんだ。店内は、コの字型の鉄板付きカウンター13席。「遠来のお客さんを連れて行くと、間違いなく〝大阪自慢〟できる」と、カメラマン酒井さんが褒めまくるからやって来た。

にこにこ顔の伊藤さんが「そら、ウチで一番人気はモダン焼きミックスですわ」と言うのを受けて、「ウチの焼き方、ちょっと変わってますねん」と黒田さん。そばに出汁をかけて炒め、スルメイカを混ぜ込んだ細切りキャベツと豚ロースを載せて、紅しょうが、花かつお、天かすを散らす。そこに、出汁入りの溶き粉を垂らし、じゅわっ。上下を返して焼き、卵を割り入れてつぶした。どれどれ。オリジナルのソースを塗っていただくとムチムチ。そばとキャベツの合体が、新たなコク深い一品と相成っていて、ほっぺたが落ちる。

黒田さんが「おふくろの代から、この作り方です」。

父親が早逝したため、母すえのさん（95歳）が1956（昭和31）年頃に店を始めた。「お好みにそば載せてぇな」というお客の求めでモダン焼きが生まれたとは他店でもよく聞くが、「モダンはハイカラやなくて『盛りだくさん』の省略」って、初耳だ。

モダン焼きミックス小770円

で、味の秘訣は？

「高いときやと1個800円のキャベツ使うこともありますねん」と、葉がぎゅうぎゅうに詰まったキャベツを見せてくれた。スルメイカは皮も剥く、出汁は昆布と鰹でとる。

「原価計算しとったら、腹たってくる」と言う黒田さんの言葉に、笑ってうなずく伊藤さんは、黒田さんの亡弟の妻だ。

この店、ウチの近所にも欲しい。

くろちゃん

大阪市東成区中道2の14の10
電話：06-6972-3841
営業時間：12:00〜14:00、17:00〜22:00（日曜・祝日は〜23:00）
定休日：毎月3日と毎週水曜
アクセス：JR大阪環状線森ノ宮駅または地下鉄今里筋線緑橋駅より徒歩9分

らーめん菜菜《なな》
箕面171店
大阪府箕面市

中山剛さん
キーワードは「ヘルシー」

太らない、ヘルシーなラーメン作りに邁進。店は娘さんたちが手伝ってくれている

菜菜 醬油らーめん600円

「おつゆ」と呼びたくなるような、透明度の高い醤油味のスープに、油がちょこっと遠慮がちに浮いている。中麺の縮れ麺の上に、チャーシューとたっぷりの白菜と刻みネギ。お箸でぎゅっぎゅっと混ぜていただく。とことんあっさり。なのに、しっかりコクがある。

千里に住んでいた頃、ちょくちょく来ていたが、店主がどなたか知らなかった。

「はい、私です」

と厨房から現れたのは、笑顔かつ、スマートな男性。

「炭水化物にスープ、肉に野菜のラーメンは、単体で完成形。しかも、パッと行って、すっと食べられる。日本の文化やと思うんです」

話し始めると熱い人だった。物心ついたときから「コックさんになる」と言っていたそう。西宮・今津で「貝のつぼ焼きの屋台」をひいた時期もあったが、ほぼ中華一筋。大手ラーメンチェーンの商品開発を担当した時代に、「3年間、各地の行列ができる店を回って毎日ラーメン8杯を完食」し、味を探求したことが効いている。「今より20キロ近く太ってました（笑）」。

「ヘルシー」をキーワードに、住み慣れた北摂で2005年に一国一城の主になった。「鶏ガラスープは新鮮な若鶏、豚ロースの骨、モミジ（鶏の掌《てのひら》）と、クタクタになるまで炒めた香味野菜を入れて弱火で8時間」とも、「鶏油《チーユ》（鶏脂から抽出した油）を作って入れて、香りとコクを出している」とも。チェーン展開したいと思って「国道171号線沿いの」という店名をつけたが、なかなか手が回らなかった。

「でも、2号店、そろそろイケそうです」

R&Bがかかる店内はゆったり。柚子天津飯や煮玉子入りラーメンもおすすめ。

らーめん菜菜
箕面171店

大阪府箕面市牧落4の6の8
電話：072-725-7739
営業時間：11:30〜15:00、17:00〜24:30（土・日曜は通し営業）
定休日：無休
アクセス：阪急箕面線牧落駅より徒歩15分

にゅうめん

京のおせん処
田丸弥
堀川店
京都市上京区

吉田佳世さん（66歳）
高橋一彰さん（51歳）
「おせんや」の心づくし

「京都観光に来はった方も、お気軽に寄ってくださいね。お話ししましょ」と吉田さん

「私、〝京のおせんや〟の娘です。職人さんらが多いときには20人近くいはって、一緒にお夕食を食べていました。祖母や母の心づくしの献立。そのお味をね、皆さんに召し上がっていただこうと思って……」

吉田さんはおっとりと話す。老舗のお煎餅屋のことを〝おせんや〟とさらりと言うとは、さすが生粋《きっすい》の京都人。と思いきや、「いえいえ、先祖は福知山の旅籠《はたご》をやっていました。曾祖父が京へ出て、おせんを作るようになったのは明治になってからですし」と。

大徳寺近くの本店は古い町家だが、１９７９年にモダンなビルを建てて、この堀川店を開いた。名代《なだい》の薄焼き煎餅「白川路」などを販売する店の奥に軽食を供するスペースを設けたのだ。

「じじむさい京の味です」

と、京の人らしい前口上でいただいた「生ゆばたっぷりにゅうめん」に、しびれた。極細の麺がつるり。喉越《のどご》し最高だ。湯葉は「大豆から生まれました」と静かに弁じる。ちょっぴり甘めの椎茸、しゃきっとした三つ葉と仲良く絡まり合う。そして何より「なんぼほど大量に昆布と鰹が入ってますの」と問いたくなるような出汁がふんわり。

生ゆばたっぷりにゅうめん1080円

「この昆布を使ってるんです」と、調理担当の高橋さんがとびっきり肉厚の利尻昆布を見せてくれた。昆布だけで、1時間コトコトと弱火にかけるそうだ。花かつおを惜しまずドバッ。酒と薄口醤油と味醂で味をととのえる。

高橋さんは10余年前に調理場に入ったとき、手間を惜しまないこの作り方に驚いた。だが、今では「出来得るかぎりの薄口出汁の追究」にミッションを感じているという。

京のおせん処
田丸弥 堀川店

京都市上京区堀川通寺の内下ル
電話:075-414-1531
営業時間:9:00〜17:00
定休日:木曜(祝日の場合は営業)
アクセス:地下鉄烏丸線今出川駅より徒歩13分または京都市バス・堀川寺ノ内 下車すぐ

出町ろろろ

京都市上京区

田中隆寛さん（40歳）

細やかな味、同世代にも

夜は、ゆったりしたカウンター9席だけ。料理も酒もお客さんの顔を見て、話しながら出す

お昼のろろろ弁当1080円(20食。予約も可)。小鉢8品は夜のコース(1620円〜4860円)にも出る

昔ながらの風情が残る京都・出町商店街のすぐ脇。木枠の窓越しに、界隈の日常の暮らしが見える。築100年の町家を改装した、敷居の低い会席の店である。「店の内装をしていたときに縁が出来た、大原の無農薬農園の野菜を使っています」と店主の田中さん。

大原は、京都市街の北東約10キロの山あいの里だ。寒暖の差が野菜をおいしく育むとぴんとくる。

さて。木箱2段重ねの「お昼のろろろ弁当」の1段目を開けると、美しい！ 野菜づくしの小鉢8品がずらりと並んでいるのだ。この日は、小松菜干しエビ浸し、わさび菜じゃこ漬け、かぶら菜粕掛け、春菊と赤リアス酢味噌和え、胡麻豆腐の胡麻揚げ、などなど。葉モノは今こそ最高と緑萌え、じゃこやエビは「ご一緒さしてもろて、うれしおす」と寄り添っている感じだ。いただくと、そんな申し分のない見目と相性が余すところなく反映され、すべてのお味がまことに細やか。「丹精」「贅」の文字が頭に浮かんだ。

「一つひとつの素材の味を引き出すのが仕事やと思っています。ぴたっと決まったとき、すごくうれしい」

千鳥酢など地元・京都の調味料も使用。2段目に、土鍋で炊いたご飯と出汁巻き卵、かき揚げがついて1080円って安すぎるが、「夫婦だけでやっているから大丈夫です」。

伏見の出身。高校時代に読んだ漫画『美味しんぼ』に料理の世界へ誘われた。高級割烹を皮切りに、料亭も居酒屋も経験し、「同世代も気軽に来られる店を」と2007年に開店。遠方からの観光客もじわじわと増えている。

出町ろろろ

京都市上京区今出川通寺町東入ル1筋目上ル
電話:075-213-2772
営業時間:11:30〜14:00、18:00〜21:00
定休日:第1・3月曜、火曜(2016年4月からは月曜、第2・4日曜)
アクセス:京阪鴨東線出町柳駅より徒歩10分

上《かみ》村《むら》貴《たか》也《や》さん（33歳）

大阪の誇り、直球勝負

炭火焼と鴨鍋の店
おら鴨《がも》
大阪市中央区

「すべて、北村和義先生に作ってもらった九谷焼の器で出します」と、にっこり

備長炭がおこった七輪に、まず、きれいな小豆色のロースが載せられる。と、1分もしないうちに食べ頃に。

「焼けて10秒以内に食べてくださいね」

胡麻をつけ、上村さんの仰せどおり熱々をいただく。旨みが口中に広がり、「やばい」と大人げない言葉をつい。ササミはしっとり、ズリはしゃきしゃき。ほっぺたが落ちそうだ。

「おら鴨」は、鴨肉業界で「日本一」といわれる河内鴨の専門店だ。私は、遠来の客に大阪自慢をしたいときに利用している。なぜならば――。

秀吉が鴨を飼うよう奨励したのを発端に、鴨はかつて大阪を代表する特産物だったという。そんな歴史を今に伝える数少ない合鴨の生産者が松原市の「ツムラ」。ブランド名は「河内鴨」。2千坪の鳥舎で鴨を走り回らせ、無農薬飼料で肥育している。おら鴨が供する鴨は、そんなこんなで大阪の誇りだ。

「ツムラさんが生産したすごいモノを〝直球〟で伝えたいから、下味は塩胡椒だけ。僕らに技術はありません」と謙遜するが、コースの終盤に出る「鴨だし茶づけ」のコク深さったら。手ばなしの拍手を贈りたい。

子どもの頃から「圧倒的な鴨好き」で、大学院を出て勤めたゼネコン1年目に、無謀にも「鴨の店をやる」と決意。同級生２人に話すと「僕も一緒にやる」。ゼロからの資金計画や包丁修業を役割分担して突き進む中、河内鴨を知ってその味に魅せられ、「値段は一切言いません。仕入れさせてください」と頭を下げた。「毎朝、捌《さば》きたてを取りに来るなら」と許され、２００７年に開店。リピーターが続出している。

炭火焼コース「焼道」3900円(2人から)

炭火焼と鴨鍋の店
おら鴨

大阪市中央区難波1の5の24 だるま難波本店ビル4階
電話:06-6211-1528
営業時間:17:30〜24:00(ラストオーダー22:30、土・日曜・祝日は17:00〜)
定休日:無休
アクセス:地下鉄御堂筋線なんば駅より徒歩5分

ハンバーグ

洋食とワインのお店
浅井食堂
京都市左京区

浅井幸雄さん（36歳）
肉の、肉たる誇りの塊

生まれ育った京都・下鴨で店を出すと決めていた。「取引先や周りの店と、win-winの関係でやっていきたい」

京都・下鴨の静かな住宅街に「ステーキの上いくハンバーグ」を出す店があるとの噂を聞きつけやって来た。

さっそく注文。鉄板の上に、ずんぐり大きなハンバーグが、プチプチと音を立てる熱々のデミグラスソースに浸かって出てきた。

香りが豊潤。ナイフを入れると肉汁があふれ出た。一口食べて、まさに噂どおりだと感嘆。肉の、肉たる誇りの塊のよう。一体全体どうなっているんだ！

「至ってシンプルですよ。牛7・豚3の合挽き肉にパン粉を少しだけ混ぜて、あとは赤ワイン、卵、塩胡椒、牛乳だけで」

と、店主の浅井さん。

思わず「タマネギは入ってないんですか？」と聞くと、にっこりうなずき、「既成概念を取っ払ったんですね」と。

20歳のとき、イタリアで現地の料理人たちと話すうち「ハンバーグは日本独自の洋食なんや」と気づいた。タマネギを混ぜるのも日本ならではだったのか。同時期に、ハンバーグを食べてふと嫌な臭いを感じた。「正体はタマネギかも」と思ったのが、既成概念をぬぐい去る冒険へのきっかけになった。

牛ミンチに「京都肉」ブランドのスネ肉を使用。その旨みを豚ミンチが増幅させるって、やるなあ。

「生のお肉は熱が加わるとたちまち劣化するので、極力すばやく捏《こ》ねます。夏場は手を氷水に突っ込んでから捏ねたり……」

小4で『美味しんぼ』を読み、「美味には裏付けがある」と素材のメカニズムに興味を持った。調理師学校の栄養士コースでも、調理師コースでも学んだ変わり種だ。京都市北区のイタリアンレストラン勤務を経て2014年に独立。提供する味は驚きに満ちているが、「日常の延長で来てもらえる食堂になりたい」と楚々たる姿勢を貫いている。

浅井食堂ハンバーグ1300円（コーヒーまたは紅茶またはグラスワイン付き）

洋食とワインのお店
浅井食堂

京都市左京区下鴨松ノ木町43の1
富山コーポ1階
電話：075-706-5706
営業時間11:00〜15:00、17:30〜23:00
定休日：月曜（祝日の場合は翌日休）・第2・4火曜
アクセス：京阪鴨東線出町柳駅より京都市バス・下鴨神社前 下車徒歩2分

トンカツ

立呑処 藤よし

大阪市平野区

中村恵則《しげのり》さん（73歳）
好子さん（70歳）

体にいいもん、皆さんも

トンカツ以外に、煮物、炒め物、揚げ物、酢の物……。毎朝、2人で市場に買い出しに行くのも楽しい

あら？　「立呑処」と冠についているのに、ちゃんと椅子が並んでいる。缶ビール260円、清酒230円とほとんど原価のような酒類もあるにはあるが、カウンターの上にカレイの煮付けやブリのカマ、オムレツ、酢の物、オバケ、お浸しなどが所狭しと。〝明るい食堂〟の趣だ。

「藤井寺から毎日自転車で通ってくれてる、高齢の常連さんもいるんですよ」と好子さんが胸を張れば、「特徴のない、素人の店ですけどね」と恵則さん。

実は「ダイニング代わり」に週に2日は利用しているというカメラマン酒井さんに引っ張られてきた。その酒井さんが「トンカツ食べて」と執拗に言うから注文すると、好子さんが「ほら、子どもには体にいいもんを食べさせたいですやんか」と唐突に。

何でも、40何年前の子育て期に見つけて以来お気に入りの、自然肥育の牧場の豚だそう。パンパンパンと包丁の背でたたいて、ひと塩し、衣をつなぐ卵もまた有機農法のものを使用。中火でじっくり揚げる。

いただくと、ほんとほんと。サクサクとした衣の中に、きめ細かく、とことん軟らかい豚。クセがまったくなくて、イケます。愛、感じます。サイドメニューにとカウンターから取った「炒めたホウレン草に、煮詰めたバルサミコ酢を絡めたの」

とやらの一品も、レベルたかっ。家庭料理は偉大だなあ。

2012年12月に開店したそうだ。始めたきっかけは？

「私ら、仕事終わった後、2人であちこちの店に飲みに行ってたんですけど、わざわざよそへ行かんでもウチで飲もうって」とビール片手に好子さん。そう、40年以上水道資材の販売会社を営んできた仲の良い夫婦の、第2ステージなのだ。

トンカツ450円

立呑処　藤よし

大阪市平野区平野西2の4の24
電話：06-6797-5051
営業時間：11:00〜19:00
定休日：日曜・祝日
アクセス：近鉄南大阪線針中野駅より徒歩10分

秦 一 男さん (60歳)

フグ柄、
かいらしいほど
ええヤツ

みな美
大阪市中央区

「テーブルを置いてから、外国人もまあまあ行儀よく食べてくれるよ」

大阪・黒門市場を久しぶりに覗き、台湾、中国、韓国からの観光客の多さに驚いた。一軒の魚屋さんの前に、黒山の人だかりができている。

分け入ると、簡単なテーブルでてっさ（フグ刺し）を立ち食いできるようだ。なんとお手軽な。

仲間入りして直径18センチの網目模様のお皿に盛られた白い身を、ポン酢につけて頬張る。ちょっぴり厚めの薄造り。淡泊な中にも、深い旨みが広がった。

「てっさを買って、すぐにラップを破る外国人が増えたので、それならココで食べてくださいよと荷物置き場を改造したんですわ。捌きたてやし、そら、美味しい」

と店主の秦さん。

1875（明治8）年創業の、フグとハモの専門店。フグは長崎直送だそう。秦さん自身はもともとスーパー勤務。「魚売り場がおもろい」とミナミの魚屋に移った後、今度は「フグがおもろい」と30年前にこの店へ。「長いこと番頭やった」が、2代目が亡くなり後を継いだという。

フグのおもろさって？

「口では説明でけへんなあ」

何匹ものトラフグがゆらゆら泳ぐ水槽を指さし、「（表面の）点々の柄の入り方がかいらしい（可愛い）ほど、ええヤツやねん」。

　点々が多いほど？

「違う。かいらしいとしか言われへん（笑）。捌くとき、『いっぱい生かしてくれ（隅々まで身を有効にして）』と、かいらしいこと言いよる」

　職人道は奥深い。「フグは食感や。ぺらぺらでも厚すぎてもあかん。1ミリぐらいがええんちゃう？」とも。聞けば聞くほど、「フグ愛」が伝わってくる。かいらしいわ。

てっさ1500円

みな美

大阪市中央区日本橋2の3の20
電話：06-6643-0373
営業時間：8:00〜17:00
定休日：日曜・祝日（10〜3月はほぼ無休）
アクセス：地下鉄堺筋線または千日前線日本橋駅より徒歩3分

とふめし

コミュニティ
キッチン結良里《ゆらり》
兵庫県篠山市

森本淑子さん（78歳）

消えかけた味、仲間と守る

大家族のご飯を作ってきたベテラン主婦ばかり。栄養士もいる。「みんな仲良し」と森本さん（左から2人目）

里山が点在する丹波篠山の小さな集落にある、元農協の建物の1階。きれいすぎないのは「農作業の帰りでも、気にせず来てもらえるように」という配慮だなんて、さすがだな。地元の元気な年配女性たちが2010年に開いた店だ。

「これが120年前からの郷土食『とふめし』。若い人に伝えたくて」

森本さんがにこにこしながら、「ゆらり定食」を運んできてくれた。根菜の煮物やきのこの和え物、ポテトサラダなど地元の野菜ふんだんのおかず6品と味噌汁、そしてお茶碗の中の「とふめし」とやらはかやくご飯風。

具は、細かく刻んだゴボウとニンジンと揚げと……鶏肉かなと思ったら「木綿豆腐なんですよ、40分間湯がいて油炒めした」とはびっくり。絶妙の出汁は「鯖の水煮の缶詰」だそうで二度びっくり。「120年経つうち、『豆腐』が『とふ』に縮まりもしますわな（笑）」。甘露甘露で、「おかわりどうぞ」に甘えさせてもらった。

「昔、地区の『講』の寄り合いや冠婚葬祭のとき、当番の家のお嫁さんが大勢分の食事を作って、小皿に取り分ける習わしやった。それはそれは大変で、お嫁さんは、里のお母さんに手伝いに来てもらうほど。あるとき長老が『こんなことで村に嫁の来手《きて》がなくなったらあかん。一つの鍋にご馳走をぶち込んで炊いてみぃ』て言うたのが始まりやそうです」

ゆらり定食(とふめし付き)700円

つまり、調理の省力化。煮干しをほぐしたものを出汁代わりにしていたが、昭和に入ってから鯖の水煮缶詰を使用し、さらに省力化されたという。とはいえ手はかかるから、今どきの人には面倒。消えかけたが、「私たちが守らな、誰が守る」と立ち上がった森本さんがお仲間を引っ張り込み、シフトを組んで切り盛りしているのだ。

いやはや、味にも心意気にも感服いたしました。

コミュニティキッチン結良里

兵庫県篠山市大山新98
電話:079-596-0052
営業時間:11:00〜15:00
定休日:月・水曜・祝日
アクセス:JR福知山線柏原駅より神姫バス・大山新 下車徒歩3分(ただしこの行き方は本数が少ないため、車でのアクセスがオススメ)

小野寺和徳さん（52歳）

三井寺の門前、日々精進

れすとらん風月
滋賀県大津市

「素材と対話しながら」作った料理の数々。2階の小部屋から三井寺仁王門が見える

三井寺の仁王門の前。無礼な言い方で申しわけないが、何の変哲もない土産物屋を兼ねた、門前の食事処だ。ところが、精進料理「弁慶」をいただき、感心した。

とろけるように舌をなでる胡麻豆腐、さっぱりした酢の物、風味妙々たる炊き合わせや精進揚げ、茶碗蒸し……。どの品もまことに奥ゆかしく、あっぱれなのである。

「三井寺さんから『寺の印象をも良くする、心のこもった料理を』と教えられ、努力してきました」

当然のことながら、植物性の素材だけの使用。昆布のみでとる出汁は「指を浸けるとちょっと熱い」と皮膚感覚で覚えた温度のとろ火に4、5時間かける。吉野本葛《ほんくず》を惜しまず使う胡麻豆腐は「ねばりとテリとツヤを出すため、湯煎《ゆせん》しながらゆっくり練る」などと、育んできたコツを店主の小野寺さんは穏やかに話してくれ、「何よりうれしいのは、ピタッと決まったときですね」と神妙な面持ちで。

とりわけ「鰻《うなぎ》もどき」という一品。見た目も味も鰻の蒲《かば》焼きそっくりだが、身は豆腐とクワイ（冬以外は山芋）、皮の部分は海苔で。湯煎し、裏ごしした木綿豆腐と、擦りおろしたクワイを合わせ、砂糖と薄口醤油で味つけして海苔にくっつけ、たまり醤油や水飴などで煮詰めるそうだ。

そんなレシピの要《かなめ》は、「2時間ほどかける」という豆腐の裏ごし加減。「しぼりすぎてもしぼらなさすぎてもダメで、その頃合いがピタッと決まる瞬間」こそ、この仕事冥利《みようり》に尽きると。

一品が出来上がるまでの長い道のりを知るほどに、心していただかなければとの思いが強くなる。

石山寺近くの和菓子店「大津風月堂」から、1966（昭和41）年に父が独立、開店した。その店を継いでもうすぐ30年。円熟の域に達しているのである。

精進料理「弁慶」2160円のうちの一品「鰻もどき」

れすとらん風月

滋賀県大津市園城寺町246
電話:077-524-0638
営業時間:9:00〜17:00
定休日:無休
アクセス:京阪石山坂本線別所駅より徒歩7分

食べもんのはなし

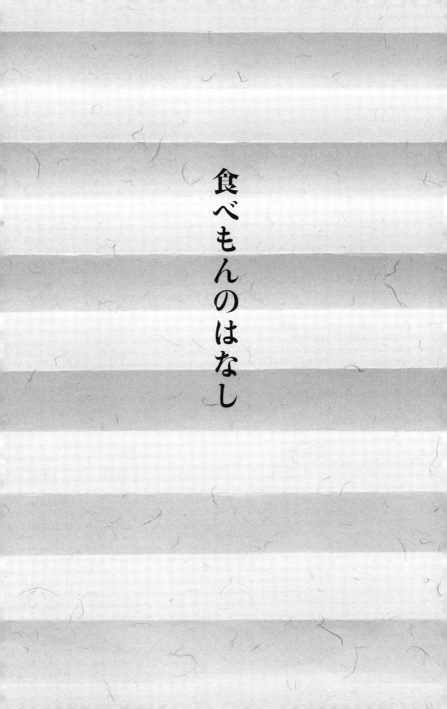

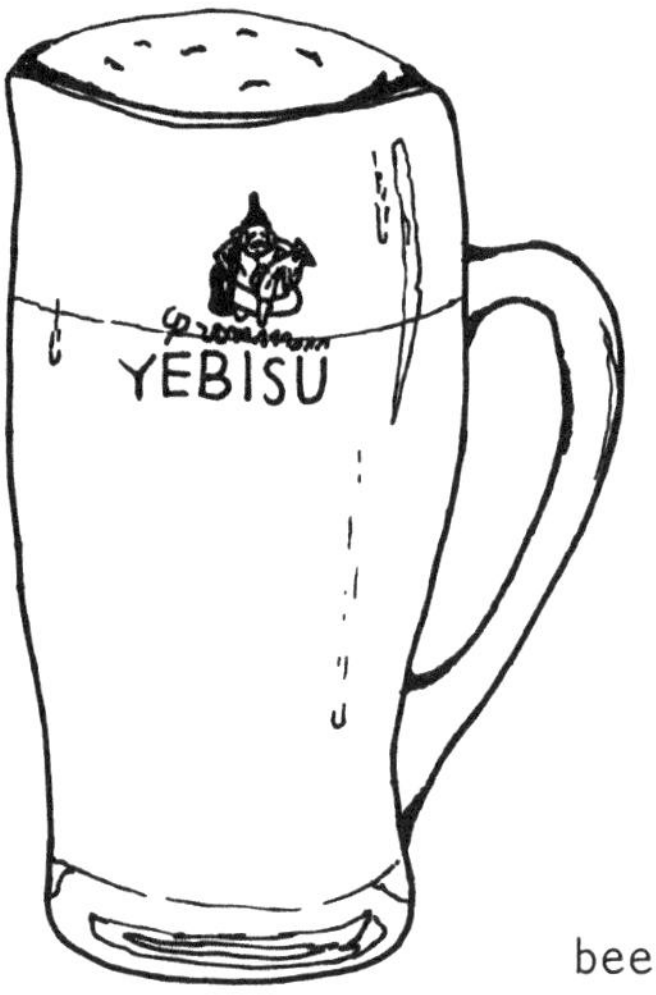

ビール

beer

私の敬愛する内田百閒《ひゃっけん》先生は、ビールが相当お好きだったようだ。

色濃く著されているのが、戦後間もなくのエッセイ「タンタルス」。「麦酒は二本まで」と飲食店で制限されていた時勢らしいのに、百閒先生は東京駅のステーションホテルでさっさと二本飲んでしまう。「もう一本」が聞き入れられず、途端に不機嫌になり、その後に供される料理に手をつけない。

懲りずに十日後、神戸・花隈《はなくま》の料理屋に来

て、二本をすぐに空ける。三本目はなんとか持ってきてもらえたが、四本目を断られ、またもや不機嫌になる。宿泊先のホテルに戻るとグリルに直行し、麦酒を注文する……。

何度読んでも面白いのだが、ふと思った。状況を微に入り細に入り綴るのがお得意の百閒先生なのに、ビールに関しては「飲んだ」どまりなのはなぜ、と。注ぐ様子も泡の雰囲気も出てこない。

「私も、そこ、ちょっと不満やったの」

と言ったのは、とある梅田のバーのママ。まだ三回目だが、同じく内田百閒ファンだと前回知って、すでにタメロの仲。

「ビールは三段論法で注ぐべし、でしょ」と、小瓶とグラスを私の目の前に置いた。

まず、グラスの上二〇センチほどもの高さから勢いよく注ぐ。泡が鎮《しず》まるのを待ち、次にゆっくりと低い位置から注ぎ入れる。泡がグラスの九分目まで上がるまで、再び待つ。そしてグラスの縁からそっと注いだ。

「泡三、液七の黄金比率――」

きめ細かな泡がグラスの上部にはみだし、グラスを揺《ゆ》すると泡も揺れる。こぼれない。

「すごく美味しい」とつぶやいた私に、ママが言う。

「百閒先生の時代は、注ぎ方が〝開発〟されてなかったのだろうけど。今そこそこ飲む人やったら、この注ぎ方くらい知ってるよね。そういうところをちゃんと表現できる作家、いい加減出てきてほしいわ」

私が物書きだとママが知らなくてよかった、とほろ酔いの頭で思った。そこそこ飲んできたのに三段論法も知らなかった。おまけに、注ぎ方の表現がぎこちなくて、お恥ずかしい。

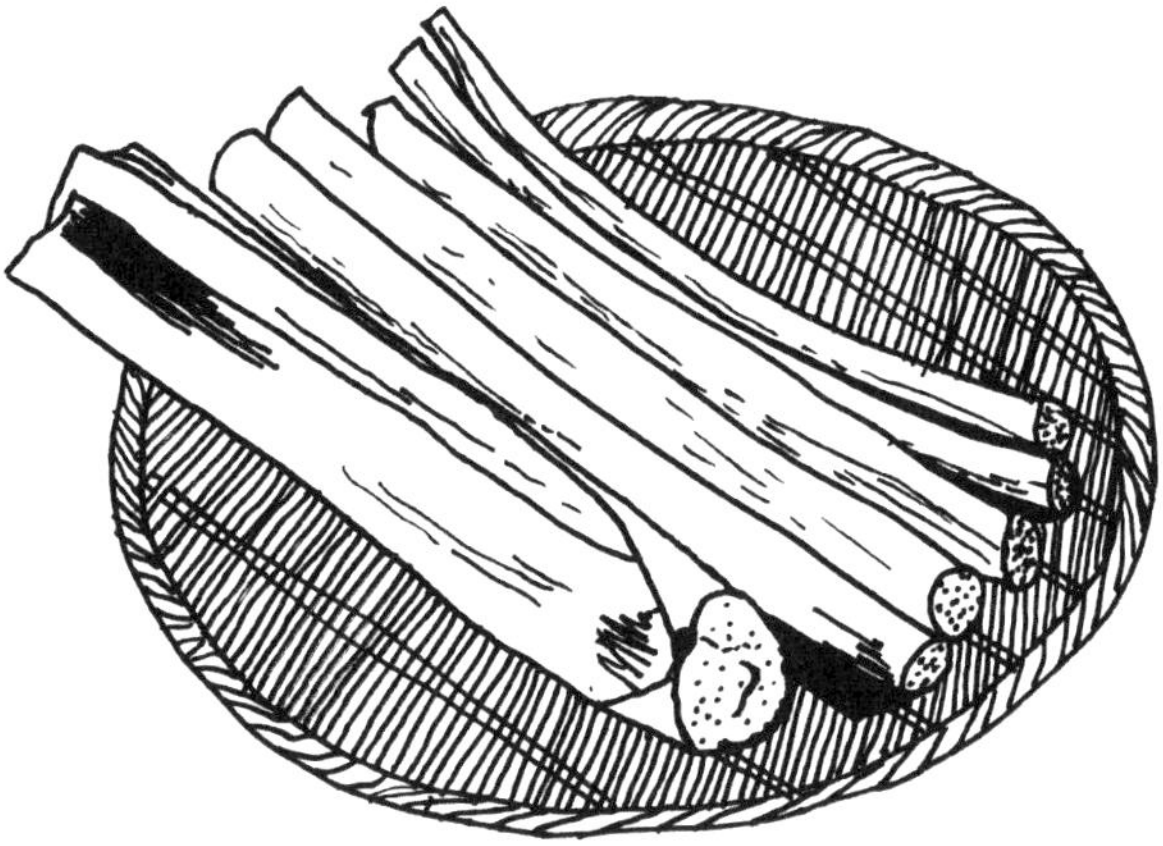

ズイキ

a stem of a taro

スーパーで紫色の太い茎を見つけると、買おうかなと思う。でも、あく抜きが面倒そうだからやめる。ということが続いている。

「ズイキ」と言い、芋茎と書く。サトイモやハスイモの葉柄だそうだ。

私が娘を産んだのは夏だった。産後の二週間ばかりを実家で過ごしたが、その間、母がやたらとズイキと油揚げの煮物を作った。あまりにさっぱりとした味に「仏さんへのお供えみたい」と憎まれ口を叩いたものだが、「五條のおばあちゃんもこうやったの」と母。五條のおばあちゃんとは、母の母。

「産後の肥立《ひだ》ちにいいねんて」

「はいはい……」

料理は好きだが、栄養云々にはほとんど興味のなかった母が、あのときばかりは食べろ食べろとうるさかったのである。

いまさらだが、あのときはありがとう、と思うようになったのは、十年ほど前に栄養学の先生に伝統食について取材した流れで、

「ズイキは『古血を洗う』『母乳に効く』と産後食の代名詞だったのに、途絶えかけていて残念です。カルシウム、カリウム、鉄分が豊富で、産後の体力回復に効能があるんですよ」

と聞いてからだ。なるほど、しっかり根拠があったのだ。ズイキはえらい。

産後といえば、息子を産んだ後、乳腺炎になったことがあった。薬を飲んでも母乳マッサージを受けても治らず、涙が出るほど痛い。知恵をくれたのが、とてもとても年配の尼崎の助産師さんだった（拙著『遊廓の産院から産婆50年、昭和を生き抜いて』の主人公）。

「擦り下ろしたジャガイモと小麦粉を混ぜて捏ねて、湿布してごらんなさい」

半信半疑でやってみたら……。ウソみたいに一日で痛みが消えた。

ことほどさように、先人の知恵はたいしたものだ。実は、もうすぐ娘が子どもを産む。彼女の産後のためにズイキ料理の練習を始めねばと思いながら、まだできないでいる。

あんパン

a bean-jam bun

「ほほお。これはイケる」
と、目を細めた八十四歳の父をふと思い出す。

もう八年も前だ。母が急逝した後、父は老人ホームに暮らし、週末に帰宅していた。そのとき、認知症が進んでいたのに、こと食に関して「美味しい」「美味しくない」がしっかり認識できることに驚かされた。

ある日、コンビニであんパンを買って、父に持っていった。「お父さん、このごろえらくあんパンが好きなのよ」と生前の母から聞いていたからだが、父は一口食べただけで、残した。「口に合いませんわ」とやんわりと拒否し、それ以上触《さわ》ろうともしなかった。

翌週、じゃあこれはいかがとSベーカリーのあんパンを持って行くと、あっという間に平らげた。そして「これはイケる」と目を細めたのだ。

Sベーカリーのレジにいたのはバイトくんらしき若者。父の「これはイケる」ストーリーを伝えたら、「あ、そうですか」とすげなかったが、なんと。そのまた翌週に行くと、店主が出てきて「お父さまの話、聞きました」とおっしゃった。とても喜んでくださり、午後に売り切れることがままあるそのあんパンを、以後の週末、私が買いに行く夕方まで一つ残しておいてくださるようになった。

たかがあんパン、されどあんパン。いついつまでもと思ったが、その四カ月後、あんパンを棺に入れることとなった。

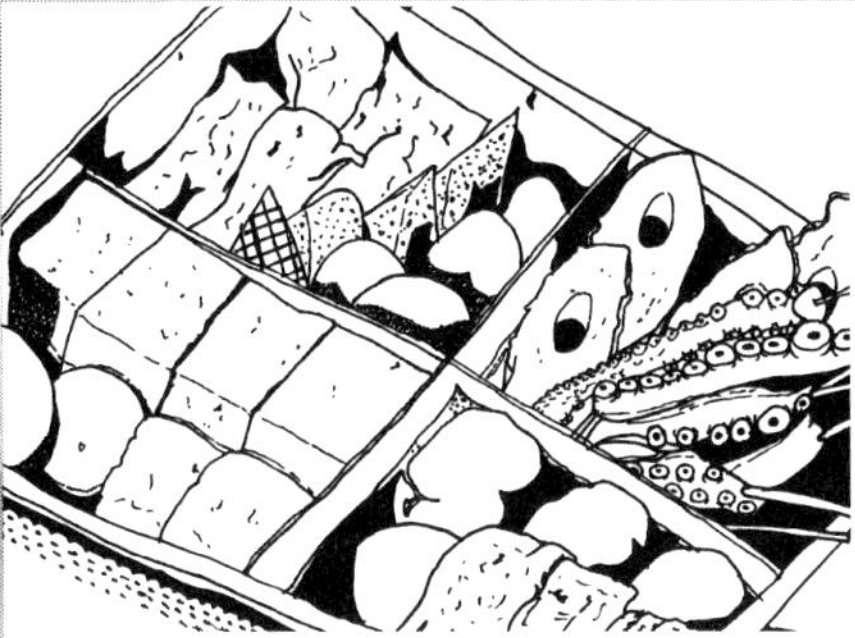

おでん

Oden

大阪市内の端っこの商店街に、好きな居酒屋がある。

人のいい年配のマスターがいて、地酒がずらりと並ぶその店は、年中おでんがぐつぐつ煮え、生もの、煮物、焼き物、揚げ物、何でもござれ。いたって大衆的なのに、きちんと美味しく飲ませ、食べさせるから、いつも繁盛している。

先日、カウンターで、マスターがおでんをお皿に盛る様子を見ていて、「おや?」と思った。玉子、大根、ちくわ、ごぼ天……。よく煮えたネタばかりを盛る場合と、やや浅い煮のネタばかりを盛るお皿。明らかな差があったのだ。

マスターに

「なんで?」

と聞いてみた。

「お客さんの顔色を見て、ね」

疲れていそうな人には濃い味のネタ、元気はつらつの人にはやや薄味のネタを選んでいるのだという。お浸しなどの塩味の塩梅《あんばい》も、お客さんの顔色によってほんの少し調整している、とも。

「勝手なおせっかいやけど、苦情は一回も出たことない(笑)」

すごいなあ。プロの仕事とはこういうことだと感じ入っていると、隣席のお客がいっちょかみしてきた。

「マスターは自分では気づかへん体の加減をチェックしてくれるわけ。スマホの健康アプリよりええで」

コロッケ

a croquette

認知症の父が、コンビニのあんパンと評判のベーカリーのあんパンの味の差を認識でき、驚いたと先に書いた。すでに食は細くなっていた父だったが、そればかりでなく「あらら？」と思うことは続いた。所は大阪である。

ある日、かやくご飯で有名な道頓堀の「大黒」の弁当を父に持って行くと、茶色い包み紙を見るなり、にっこりして「あそこのやな」。焼き魚やかぼちゃの煮物のおかず入りの、結構な大盛りをぺろりと完食した。そして、突如として「美味しい」へのスイッチが入った。

「心斎橋の『北むら』のすき焼きを食べに行きたい」

「『大巳《だいみ》』の鰻は炙りたてがええな」

「お寿司は新地の『神田川』が一番や」

……。

ときに私の名前すら忘れるのに、かつて通った名店の名がすらすら出てきたのだ。味そのものを思い出したのか、それとも仲間と繰り出した黄金時代が蘇ったのか。「高いものばっかりやね」と言うと、にたっと笑い、「いやいや関西スーパーのコロッケもや」と返した。

記憶は玉石混淆《ぎょくせきこんこう》か。翌週には関西スーパーのコロッケを買っていく。と、これが、カラッと揚がっていてなかなかのお味。しかし、老いた父と母が二人でスーパーのコロッケを食べていたのかと、少し複雑な気分になった。

ましてや、父と最後に囲んだ食卓がコロッケとなったことを思い出すと、チクリと心が痛む。

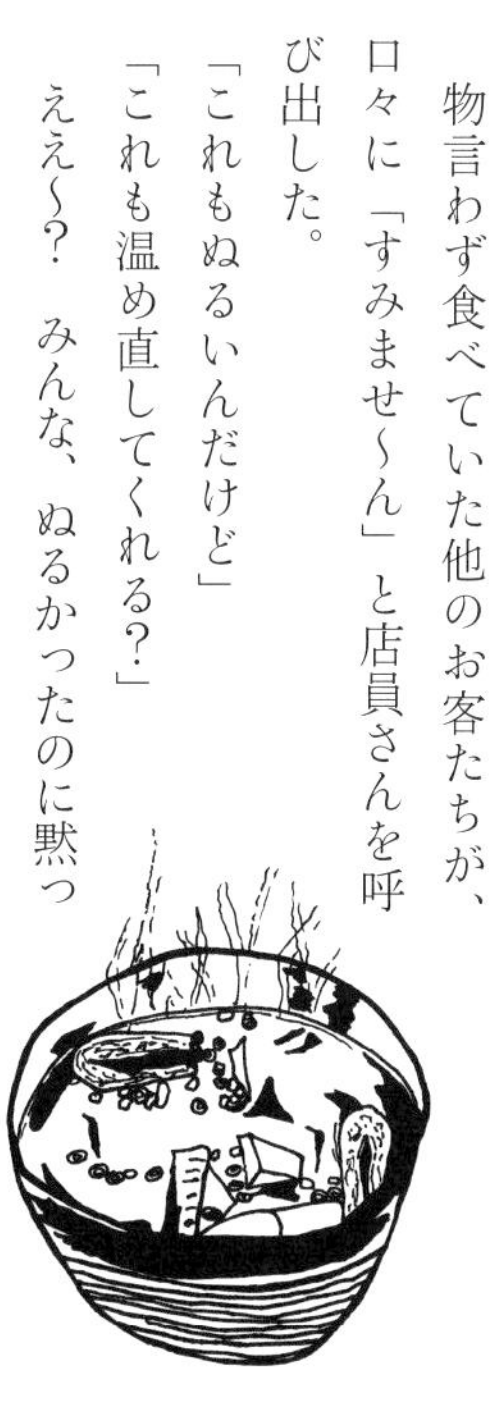

味噌汁
miso soup

昼下がりに、出先の西新宿で定食屋さんに入った。混み合う時間は終わり、それでも二十テーブルほどの店内は八割方詰まっている。

数ある定食メニューの中からカキフライ定食を頼んだ。若い店員さんは、何人かわからないが外国人だった。

「オマタセシマシタ、ゴハン、オカワリデキマス、モウシツケクダサイ」

それ言うなら「お申し付けください、でしょ」と心の中で突っ込み、まず味噌汁から。

味噌の匂いがあまりしないなあと思いながら口をつけたら、ぬ、ぬるい。

「すみません、これ、ぬるいんですが」

「ヌル？」通じなかったようだ。

「そう、ぬるい。温かくないってこと」

「……」

「お味噌汁が冷たいの。温め直してくれます？」

やっと解した店員さんは、ハ、ハイとお盆に載せて、私の味噌汁を厨房に運んでいった。

と、それはいいとして、ここに書きたいのは、その後のことだ。

物言わず食べていた他のお客たちが、口々に「すみませ〜ん」と店員さんを呼び出した。

「これもぬるいんだけど」

「これも温め直してくれる？」

ええ〜？　みんな、ぬるかったのに黙っていたの？　私が口火を切らなかったら我慢するつもりだったの？　大阪じゃ、こんなこと言って当たり前なのに。

鰻
an eel

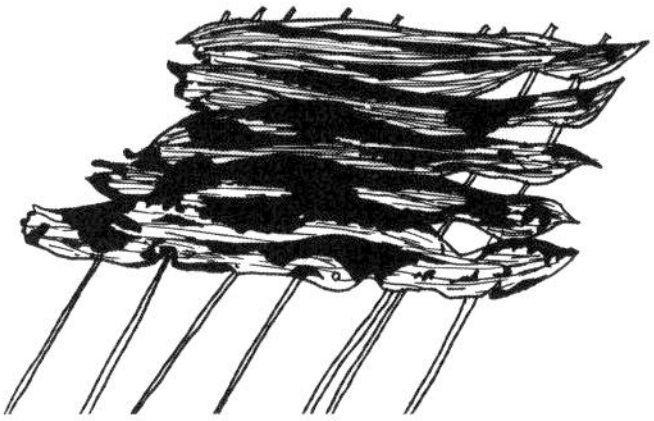

「ご馳走するから、何でも好きなもの言って」と言われたら、迷わず「鰻」と答える。私は大の鰻好きだ。東京に住むようになって関西風の鰻にありつけなくて困っている。

どう違うのかというと、東京の鰻は背から開き、蒸してから焼く。対して関西の鰻は腹から開き、蒸さずにそのまま一気に焼き上げる。背開き、腹開きの差は、武士文化の江戸では「腹を切る」が嫌われ、民衆文化の大坂では嫌われなかったことに起因すると言われている。

そんな関西人なら誰でも知っているうんちくを、東京で鰻の話が出ると熱く語ってしまう。「東京の鰻は軟らかく、ただフカフカだけど、大阪の鰻は表面がカリッ、身がふんわり」と競争心まるだしで。

ある日、例によって東京人にブっていたときのこと。「そういうことに、大阪の人ってよくムキになるよね」と言われたものだから、カチンときて「大切なことなの」とがみがみ。

テキはこう出た。

「だからこそ、そういう関西風の鰻は関西でしか食べられないほうがいいと思わない？　なんでもかんでも均質化されたらつまんないよ」

おっしゃるとおり。一本とられた。

「裂き八年、串三年、焼き一生」と、大阪の老舗で聞いたことを、タレの香ばしさと共に思い出す。日本列島、東京風、大阪風の境界線はどこなんだろう。

おやつ
a snack

山陰へ松葉ガニ（ズワイガニ）の取材に行ったとき、ボランティアガイドの方と雑談していると、「せこガニなんて、私たちが小さい頃は子どものおやつだったのに」とおっしゃった。

私と同世代の方だ。せこガニとは、山陰の方言でズワイガニのメス。オスよりかなり小さいが、甲羅の中の〝子〟が多く、身にもコクがあり、美味しい。今は一杯千円近くする。かつては「捨てるほど」採れていたのだそうだ。

なんとも羨ましい話だが、「もうイヤでイヤで、チョコレートやキャラメルを食べたかったですよ」と、その方。

秋田には「ジュンサイ」がおやつだったという方もいた。淡泊な味とツルンとした舌触り。今は転作水田を利用した沼で収穫される高級な水中植物だが、昔は、点在する沼に自生していたとか。こちらも羨ましい。と思っていたら、新潟育ちの友人が「柿の種」がおやつだったと言う。

「稀に入っているピーナッツが、兄弟で取り合いになった」なんて、なんだかいいなあ。

奈良育ちの私には「ご当地おやつ」はなかったのでつまらない……。いやいや、ギリギリ一つ思い出したぞ。GWに金剛山に登るのが我が家の年中行事だったが、登山道脇に生えていたスカンポをポキッと折って、母の指南で食べたことを。

イタドリをスカンポと呼ぶのは関西だけらしい。

豆腐

tofu

〈たかが豆腐に「北海道産有機丸大豆と南アルプスの湧き水を使って、瀬戸内の天然にがりで固めた絹ごし」……長々と情報を付加することが普通になった〉と読み、膝を打った。『ファッションフード、あります。』（畑中三応子著、紀伊國屋書店）という本から。

「ファッションフード」とは、純粋に味を楽しむのではなく、流行の洋服や音楽と同次元で消費される食べ物を指す、著者の造語だそうだ。

　ファーストフード、激辛カレー、チーズケーキ、イタめしなど、七〇年代に始まるそんなファッションフードの歴史を世相と共に綴った本で、実に面白かった。

　そう。読者として面白かったが、かつて情報誌に店紹介の記事を量産してきた者として、身につまされもした。

「たかが豆腐」のお店に、「北海道産有機丸大豆」や「瀬戸内の天然にがり」の情報を書きたがったのは私たち。他店との違いを安易に「こだわり」だと魅力付けして、目をひく記事にしたかった。

　店のほうも、ある意味ノセられて、こだわりがエスカレートした。こだわりの本来の意味は「気にしなくていいようなことを気にすること」なのに。

　みんな、なんか変と思っていたよね。と言えるのは、私がそういう仕事から〝卒業〟したからだろうか。

　近ごろ「町のふつうの豆腐屋さん」のお豆腐をおいしくいただいている。

おわりに

この本作りの終盤、校正原稿を広げていたとき、ふと気がつくと、「街」という歌を口ずさんでいた。

ご存知ない方も多いかもしれないが、「街」は、フォーク歌手・高石ともやさんの七〇年代の歌だ。下駄の音、路地裏通り、古い美術館、大学通り、走る路面電車……などが出てきて、懐かしい京都の街が描かれている。リフレインは、こんなフレーズ。

この街が好きさ
君がいるから
この街が好きさ
君のほほえみあるから

口ずさみながら、私の頭に広がった街は、京都だけではなく大阪も神戸も奈良もだ。「君」を、この本に登場する店主たちに頭の中で置き換え、にこにこしてしまった。あの人、この人のいる関西の街、やっぱり好きです。

あの人、この人のほとんどは、見方を変えれば、「就職しないで生きるには」をやっている人たちだとも改めて思った。皆さん、「好き」を仕事にして心地よく生きておられる。美味しいものを媒介に、他人にも心地よさを与えておられる。まさに「関西の地下水脈」だ。

『関西かくし味』のタイトルは、ミシマ社の人たちがつけてくれた。とても気に入っている。

読者の皆さま、最後までお読みいただき、ありがとうございました。時間のあるときに、この本を片手に、私が書いたことのリアルを確かめに行ってもらえればうれしい。「マジやった」と言われたいが、そこのところは皆さまの感覚におまかせするしかありません。ドキドキしています。

最後に。快く取材に応じてくださった皆さま、ありがとうございました。朝日新聞デスクの大出公二さん、石前浩之さん、桝井政則さん、ミシマ社の三島邦弘さん、新居未希さん、感謝します。

井上理津子

二〇一六年二月末

地図・食べもの索引

map 01 みその橋サカイ
map 03
洋食とワインのお店　浅井食堂
出町ろろろ
map 04
ひだまり
京のおせん処 田丸弥 堀川店
千疋屋
map 02 れすとらん風月
map 05 ラーメン一陽
滋賀県
京都府
map 06 ねき
大阪府
map 24 フォーのお店
map 25 熊本撰食 園田ファーム
map 30 自然菜食屋 ナイヤビンギ
map 29 藍布
map 27 串かつ ちとせ
map 26 くろちゃん
map 28 立呑処 藤よし
奈良県
map 31 ピッツェリア・バール・ボーノ
map 32 caféことだま
map 33 やっこ

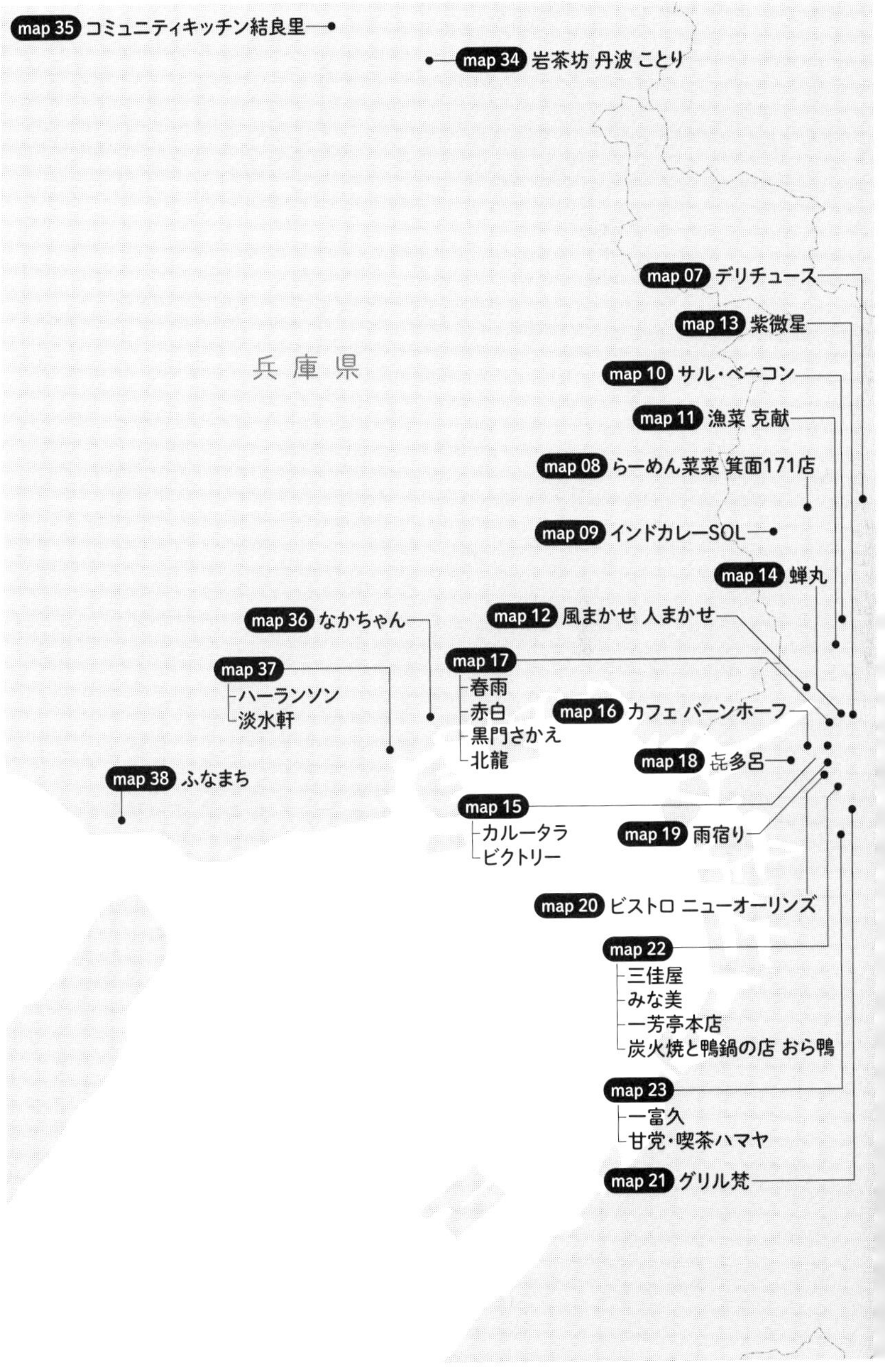
map 35 コミュニティキッチン結良里
map 34 岩茶坊 丹波 ことり
map 07 デリチュース
map 13 紫微星
兵 庫 県
map 10 サル・ベーコン
map 11 漁菜 克献
map 08 らーめん菜菜 箕面171店
map 09 インドカレーSOL
map 14 蝉丸
map 36 なかちゃん
map 12 風まかせ 人まかせ
map 17
春雨
赤白
黒門さかえ
北龍
map 37
ハーランソン
淡水軒
map 16 カフェ バーンホーフ
map 18 㐂多呂
map 38 ふなまち
map 15
カルータラ
ビクトリー
map 19 雨宿り
map 20 ビストロ ニューオーリンズ
map 22
三佳屋
みな美
一芳亭本店
炭火焼と鴨鍋の店 おら鴨
map 23
一富久
甘党・喫茶ハマヤ
map 21 グリル梵

map 03
洋食とワインのお店 浅井食堂
[P171]
ローソン
下鴨神社
下鴨中
下鴨小
下鴨本通
賀茂川
高野川
御蔭通
出町ろろろ[P165]
ファミリーマート
川端通
叡山電鉄
出町柳駅
河原町今出川
今出川通
賀茂大橋
京阪鴨東線

map 01
大宮小
大宮通
賀茂川
上賀茂神社
みその橋サカイ[P89]
京都信用金庫
御薗橋通
御薗橋西橋
フレスコ

map 02
大津商高
大津市歴史博物館
京阪石山坂本線
三井寺
園城寺町
れすとらん風月
[P183]
三井寺駅
長等小

map 04
堀川紫明
鞍馬口通
鞍馬口駅
千本鞍馬口
北総合支援学校
本法寺
蘆山寺通
千足屋[P13]
宝鏡寺
寺之内通
ローソン
千本通
乾隆小
京のおせん処 田丸弥 堀川店[P162]
室町小
烏丸通
大宮通
堀川通
ひだまり[P138]
同志社大新町キャンパス
五辻通
嘉楽中
西陣中央小
今出川駅
千本今出川
今出川通
堀川今出川
上京区役所
西陣織会館
浄福寺
地下鉄烏丸線

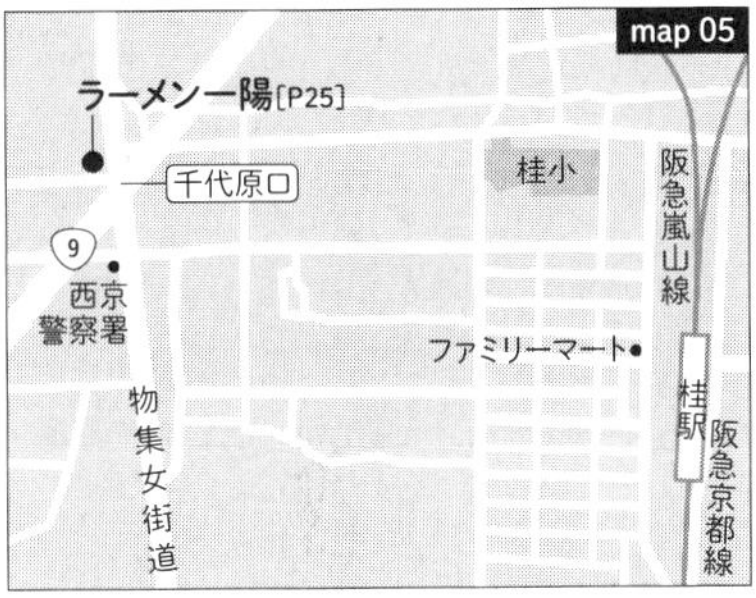
map 05
ラーメン一陽［P25］
千代原口
9
西京
警察署
桂小
阪急嵐山線
ファミリーマート
物集女街道
桂駅
阪急京都線

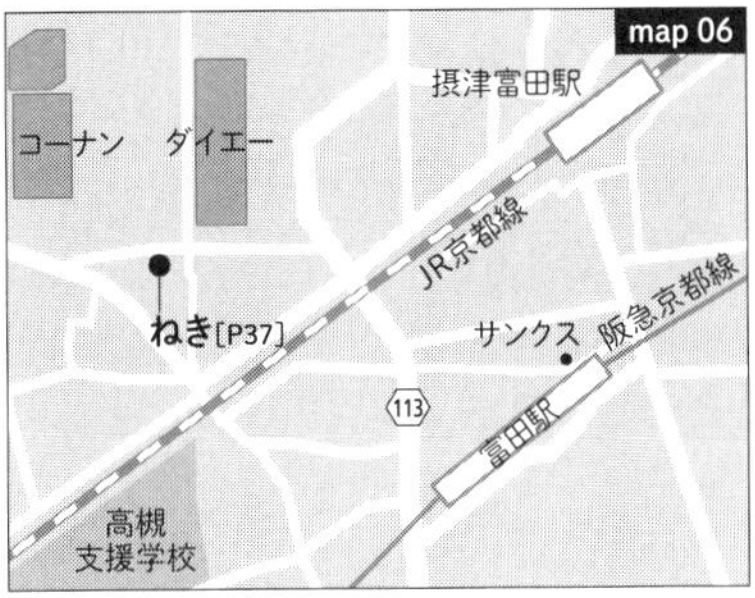
map 06
摂津富田駅
コーナン
ダイエー
JR京都線
ねき［P37］
サンクス
阪急京都線
113
富田駅
高槻
支援学校

map 07
デリチュース［P10］
千里
金蘭大
セブンイレブン
千里北公園
120
水遠池
大阪大
青山台中
119
阪急千里線
北千里駅

map 08
箕面市役所
阪急箕面線
43
箕面小
らーめん菜菜 箕面
171店［P159］
牧落駅
牧落
171
箕面高

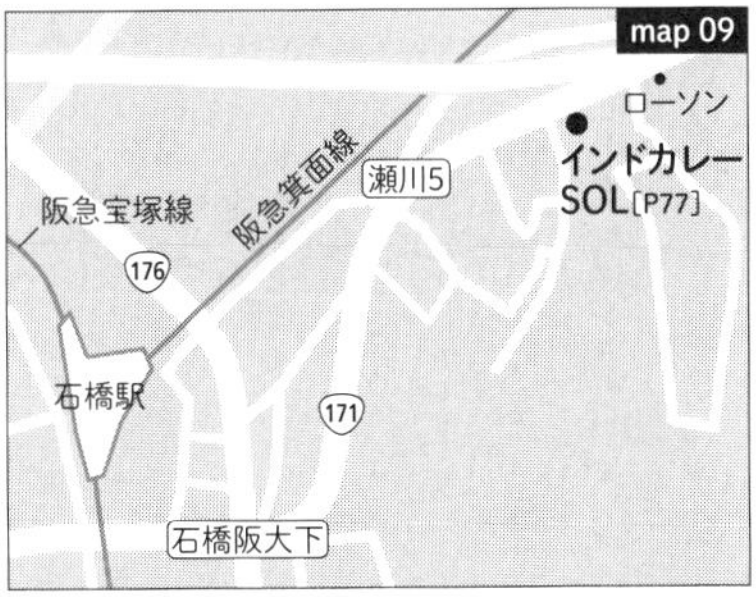
map 09
ローソン
インドカレー
SOL［P77］
瀬川5
阪急宝塚線
阪急箕面線
176
石橋駅
171
石橋阪大下

map 10
豊津第一小
豊津
西中
北大阪急行
サル・ベーコン
［P59］
ローソン
江坂公園
江坂駅
御堂筋線
地下鉄
新御堂筋
ローソン

map 11
セブン
イレブン
郵便局
東三国2
漁菜 克献［P16］
東三国駅
JR京都線
東淀川駅
御堂筋線
地下鉄
新御堂筋

map 12
風まかせ
人まかせ
［P62］
十三駅
十三筋
十三
淀川通
三菱東京UFJ銀行
阪急京都線・
神戸線・宝塚線
新北野

map 14
←梅田ロフト、毎日放送
蝉丸[P71]
済美公園
地下鉄谷町線
中崎1
セブンイレブン
都島通
中崎町駅
JR大阪環状線

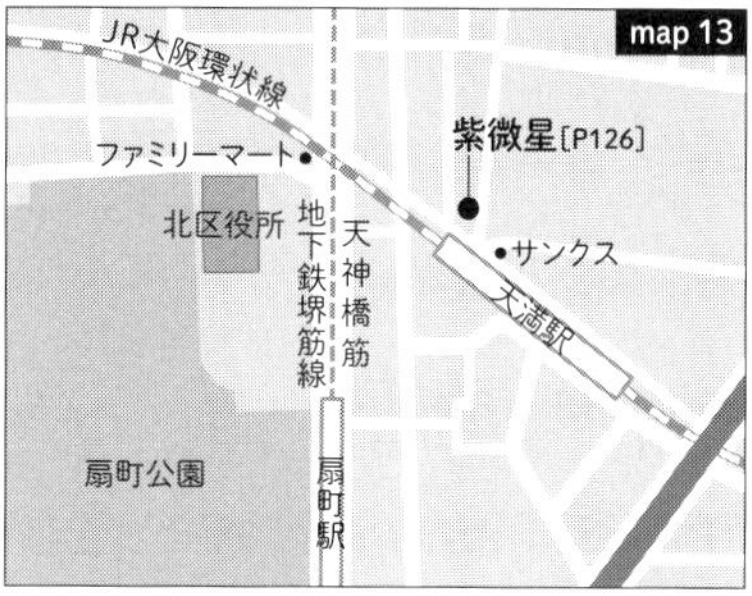
map 13
JR大阪環状線
紫微星[P126]
ファミリーマート
北区役所
地下鉄堺筋線
天神橋筋
サンクス
天満駅
扇町公園
扇町駅

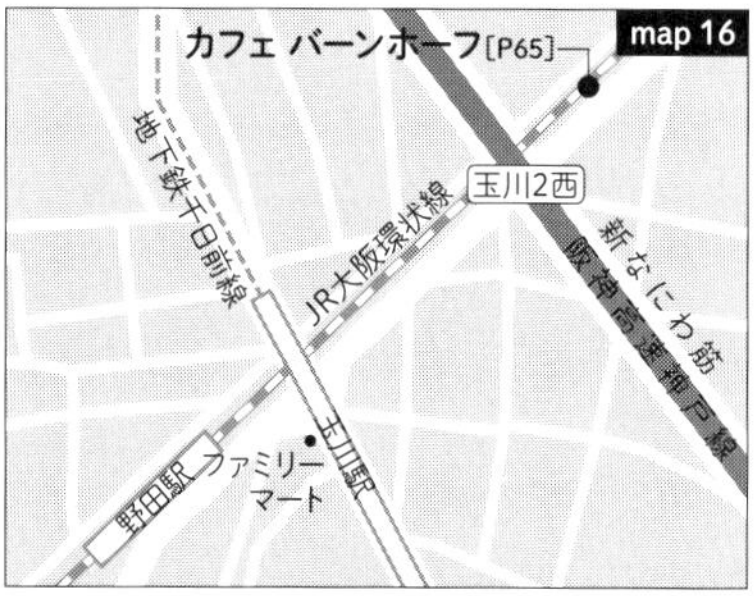
map 16
カフェ バーンホーフ[P65]
地下鉄千日前線
玉川2西
JR大阪環状線
新なにわ筋
阪神高速神戸線
ファミリーマート
野田駅
玉川駅

map 15
国立国際美術館
市立科学館
土佐堀川
土佐堀通
肥後橋駅
カルータラ[P50]
土佐堀1東
地下鉄四つ橋線
四つ橋筋
ビクトリー[P110]

map 17
阪急梅田駅
グランフロント大阪南館
ヨドバシカメラ
JR京都線
赤白[P22]
LUCUA
LUCUA 1100
梅田駅
阪急メンズ大阪
都島通
阪急うめだ本店
大阪駅
神山
曽根崎東
JR神戸線・宝塚線
大丸
阪神梅田駅
曽根崎警察署
新御堂筋
阪神梅田本店
東梅田駅
JR大阪環状線
ヒルトンプラザEAST
ハービスENT
大阪駅前第4ビル
御堂筋
西梅田駅
お初天神
阪神本線
ブリーゼブリーゼ
大阪駅前第1ビル
大阪駅前第2ビル
大阪駅前第3ビル
北龍[P31]
桜橋
梅田新道
梅新東
地下鉄谷町線
北新地駅
西天満
JR東西線
春雨[P98]
堂島アバンザ
ファミリーマート
黒門さかえ[P95]
地下鉄四つ橋線
四つ橋筋
ANAクラウンプラザホテル大阪
地下鉄御堂筋線

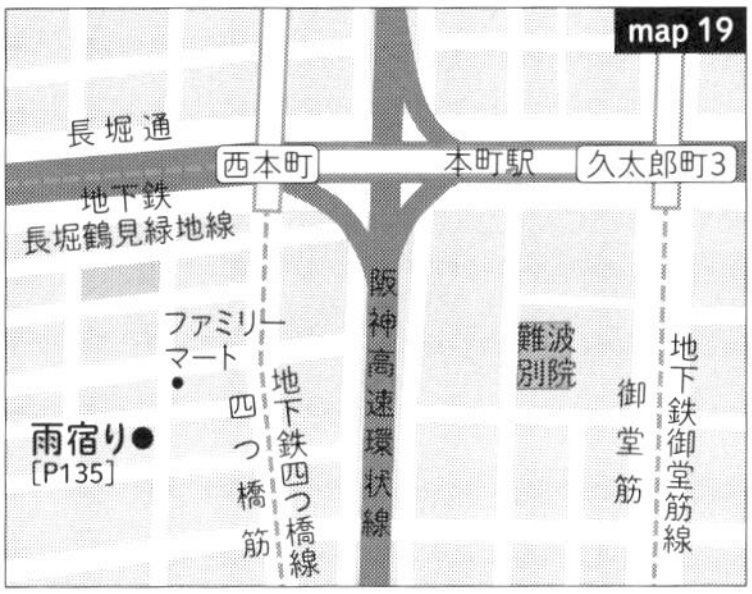
map 19
長堀通
西本町
本町駅
久太郎町3
地下鉄長堀鶴見緑地線
阪神高速環状線
難波別院
地下鉄御堂筋線
御堂筋
ファミリーマート
地下鉄四つ橋線
四つ橋筋
雨宿り
[P135]

map 18
地下鉄中央線
九条駅
マクドナルド
セブンイレブン
㐂多呂[P34]
みなと通
九条駅
阪神なんば線

map 21
恵美須町駅
浪速警察署
恵美須
恵美須東
恵美須町駅
新世界
堺筋
阪堺電車阪堺線
地下鉄堺筋線
グリル梵
[P86]
通天閣
阪神高速松原線
天王寺動物園

map 20
西大橋駅
長堀通
地下鉄長堀鶴見緑地線
四ツ橋駅
阪神高速環状線
なにわ筋
ビストロ・ニューオーリンズ
[P132]
サンクス
ファミリーマート
四つ橋筋
地下鉄四つ橋線
堀江

map 22
炭火焼と鴨鍋の店
おら鴨[P168]
ラウンドワンスタジアム
千日前通
地下鉄千日前線
なんば駅
近鉄難波駅
阪神なんば線
阪神高速堺線
日本橋駅
近鉄日本橋駅
近鉄難波線
ビックカメラ
なんば駅
なんば駅
阪神高速環状線
味園ビル
なんばマルイ
日本橋2
みな美
[P177]
難波元町小
なんばグランド花月
高島屋
YESNAMBAビル
三佳屋
[P153]
地下鉄四つ橋線
四つ橋筋
御堂筋
地下鉄御堂筋線
なんばCITY
堺筋
地下鉄堺筋線
南海なんば駅
ローソン
BODYMAKERコロシアム
なんばパークス
一芳亭本店[P101]
日本橋小

map 23
ローソン
鶴見橋
甘党・喫茶
ハマヤ[P113]
今池駅
萩ノ茶屋駅
スーパー
玉出
花園町駅
南海本線
阪堺電車阪堺線
地下鉄堺筋線
花園
イズミヤ
今船駅
地下鉄四つ橋線
一富久[P150]

map 24
千林大宮駅
1
千林1南
古市小
フォーのお店
[P53]
ファミリーマート
161
大宮1
京阪本線
大阪旭郵便局
地下鉄谷町線
千林駅

map 25
熊本撰食 園田ファーム[P56]
168
芝
ファミリーマート
170
石切駅
石切小
近鉄奈良線
新石切駅
近鉄けいはんな線

map 26
森ノ宮駅
森ノ宮公団住宅前
地下鉄中央線
玉造筋
森ノ宮駅
JR大阪環状線
長堀鶴見緑地線
地下鉄
北中道小
くろちゃん[P156]

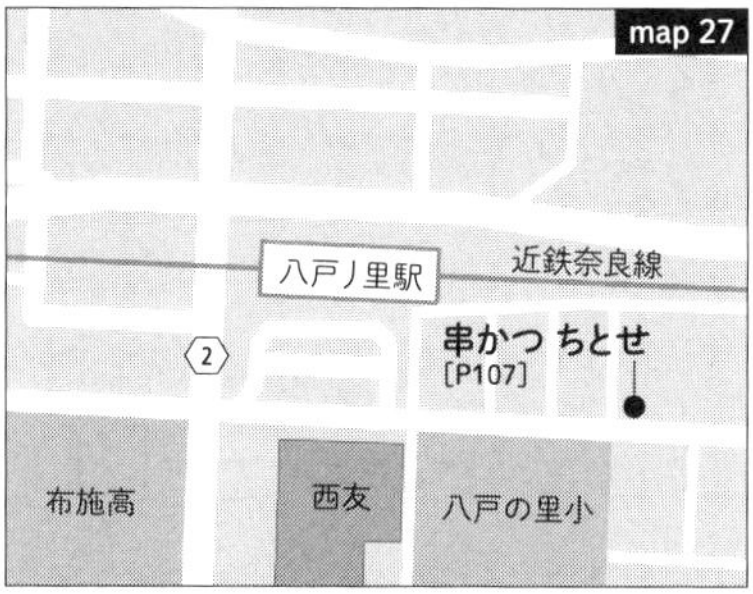
map 27
八戸ノ里駅
近鉄奈良線
2
串かつ ちとせ
[P107]
布施高
西友
八戸の里小

map 28
駒川中野駅
地下鉄谷町線
5
中野
南港通
近鉄南大阪線
中野中
今里筋
立呑処 藤よし
[P174]
針中野駅
ファミリーマート
湯里東
ローソン

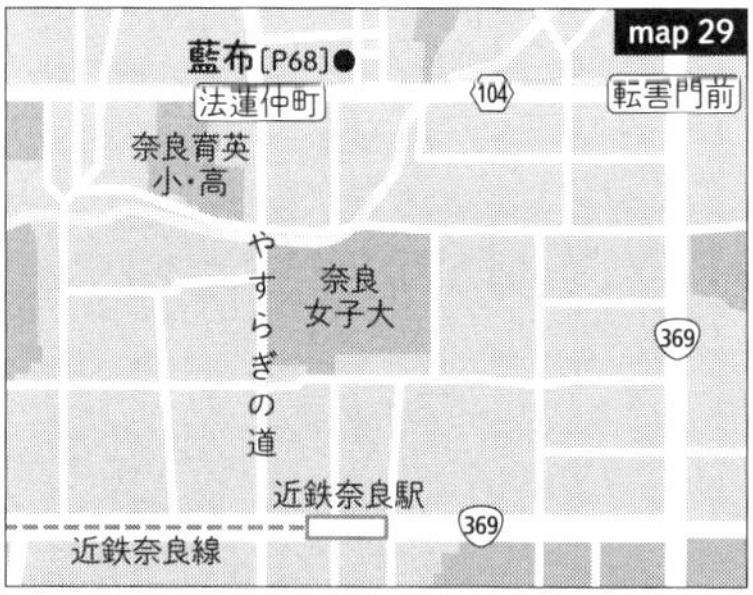
map 29
藍布[P68]
法蓮仲町
104
転害門前
奈良育英小・高
やすらぎの道
奈良女子大
369
近鉄奈良駅
369
近鉄奈良線

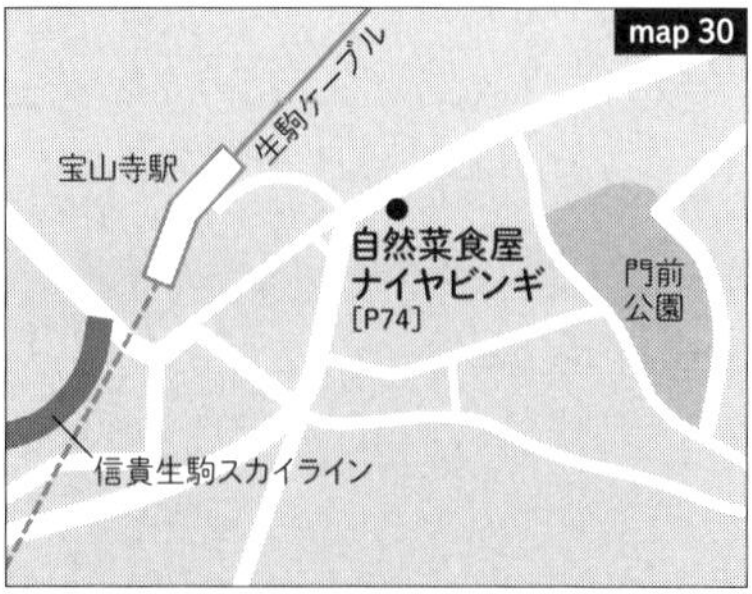
map 30
生駒ケーブル
宝山寺駅
自然菜食屋
ナイヤビンギ
[P74]
門前公園
信貴生駒スカイライン

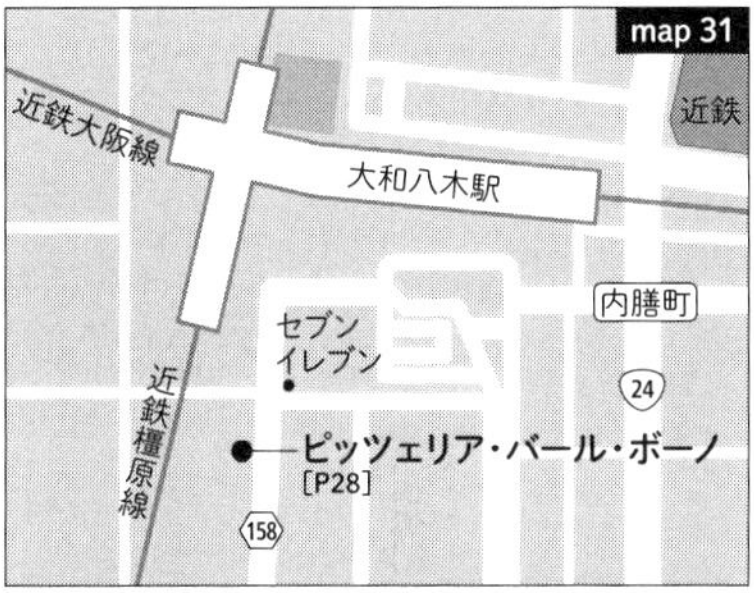
map 31
近鉄
近鉄大阪線
大和八木駅
内膳町
セブン
イレブン
24
近鉄橿原線
ピッツェリア・バール・ボーノ
[P28]
158

map 32
岡寺駅
セブン
イレブン
明日香
村役場
155
岡
近鉄吉野線
鉄明天皇陵
209
caféことだま[P141]
飛鳥駅
飛鳥歴史
公園
169
210

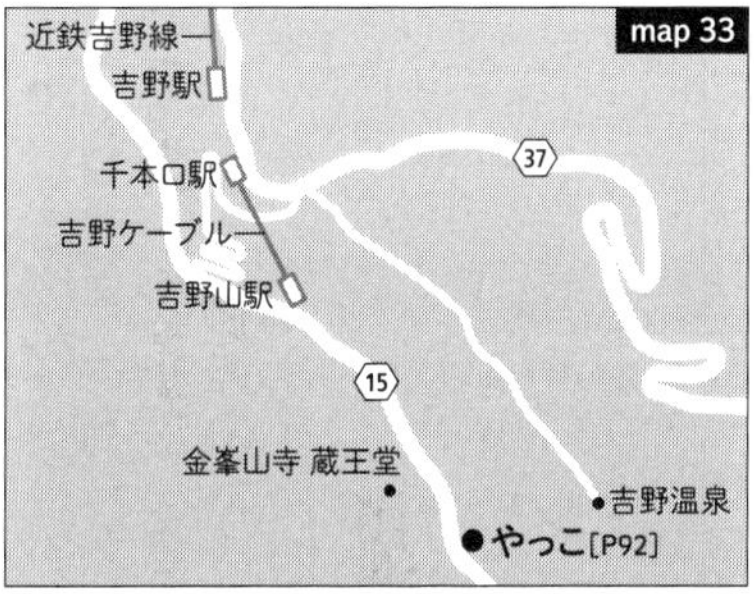
map 33
近鉄吉野線
吉野駅
37
千本口駅
吉野ケーブル
吉野山駅
15
金峯山寺 蔵王堂
吉野温泉
やっこ[P92]

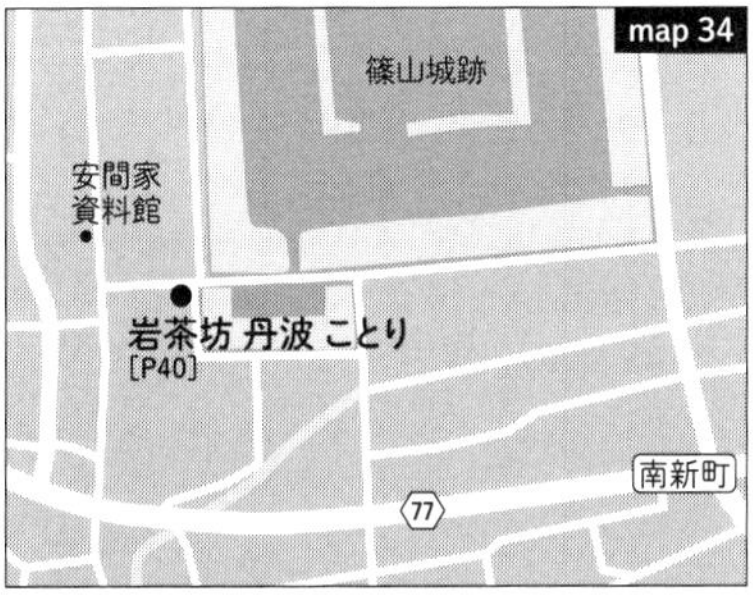
map 34
篠山城跡
安間家
資料館
岩茶坊 丹波 ことり
[P40]
南新町
77

map 35
丹波篠山
IC
浄土寺
176
大山
郵便局
大山小
コミュニティキッチン
結良里[P180]

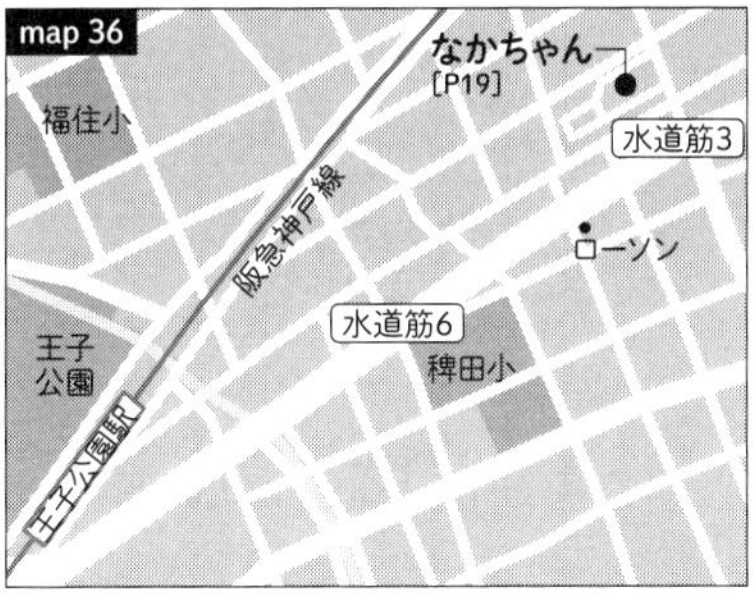
map 36
なかちゃん
[P19]
福住小
水道筋3
阪急神戸線
ローソン
王子
公園
水道筋6
稗田小
王子公園駅

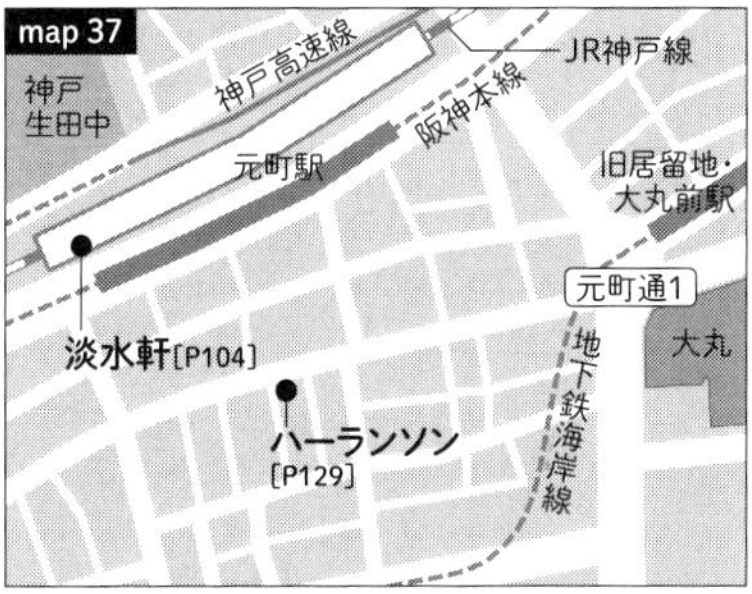
map 37
神戸高速線
JR神戸線
神戸
生田中
阪神本線
元町駅
旧居留地・
大丸前駅
元町通1
淡水軒[P104]
地下鉄海岸線
大丸
ハーランソン
[P129]

map 38
明石駅
山陽明石駅
ファミリー
マート
TSUTAYA
大明石町2
明石
郵便局
2
りそな
銀行
718
本町2
淡路ジェノバライン待合所
ふなまち[P116]

食べもの索引

和食・定食

会席・精進料理

居酒屋

うどん

黒門さかえ／大阪市北区（➡95）

三佳屋／大阪市中央区（➡153）

たこ焼き・お好み焼き

たこ焼き　一富久／大阪市西成区（➡150）

明石焼　ふなまち／兵庫県明石市（➡116）

モダン焼き　くろちゃん／大阪市東成区（➡156）

中華・ラーメン

紫微星／大阪市北区（➡126）

しゅうまい　一芳亭本店／大阪市浪速区（➡101）

水餃子　淡水軒／兵庫県神戸市（➡104）

冷麺　みその橋サカイ／京都市北区（➡89）

エビチリ焼きそば　なかちゃん／兵庫県神戸市（➡19）

ラーメン一陽／京都市西京区（➡25）

らーめん菜菜 箕面171店／大阪府箕面市（➡159）

いろんな国の料理

原木しいたけピザ　ピッツェリア・バール・ボーノ／奈良県橿原市（➡28）

フォー　フォーのお店／大阪市旭区（➡53）

ベトナム料理　ハーランソン／兵庫県神戸市（➡129）

ニューオーリンズ料理　ビストロ・ニューオーリンズ／大阪市西区（➡132）

洋食

欧風カツ丼　千疋屋／京都市上京区（➡13）

ハンバーグ　洋食とワインのお店 浅井食堂／京都市左京区（➡171）

カレー

カルータラ／大阪市西区（➡50）

インドカレーSOL／大阪府箕面市（➡77）

ひだまり／京都市上京区（➡138）

自然食・薬膳

藍布／奈良市（➡68）

自然菜食屋 ナイヤビンギ／奈良県生駒市（➡74）

café ことだま／奈良県明日香村（➡141）

軽食

ナポリタン　風まかせ人まかせ／大阪市淀川区（➡62）

生姜チャーハン　蝉丸／大阪市北区（➡71）

にゅうめん　京のおせん処 田丸弥 堀川店／京都市上京区（➡162）

カツサンド　グリル梵／大阪市浪速区（➡86）

サンドイッチ　ビクトリー／大阪市西区（➡110）

甘味・喫茶

チーズケーキ　デリチュース／大阪府箕面市（➡10）
コーヒー　カフェ バーンホーフ／大阪市福島区（➡65）
岩茶　岩茶房 丹波 ことり／兵庫県篠山市（➡40）
かき氷・ぜんざい　甘味・喫茶ハマヤ／大阪市西成区（➡113）

写真　酒井洋一（p.10,13,16,19,22,31,40,53,59,62,65,71,86,89,92,98,101,107,110,113,126,129,132,141,150,156,162,165,174,177,180）
宮本進（p.25,28,34,37,50,56,68,74,77,95,104,116,135,138,153,159,168,171,183）
地図デザイン　齋藤直己（マップデザイン研究室）

初出一覧

デリチュース　2013年5月14日／朝日新聞大阪本社版夕刊・味な人
千疋屋　2015年8月11日／同上
漁菜 克猷　2015年1月27日／同上
なかちゃん　2015年12月8日／同上
赤白　2014年2月25日／同上
ラーメン一陽　2014年9月2日／同上
ピッツェリア・バール・ボーノ　2016年1月26日／同上
㐂多呂　2015年9月1日／同上
ねき　2015年3月10日／同上
岩茶房 丹波 ことり　2016年3月8日／同上

カルータラ　2013年6月4日／同上
フォーのお店　2014年1月28日／同上
熊本撰食 園田ファーム　2014年9月30日／同上
サル・ベーコン　2013年7月16日／同上
風まかせ人まかせ　2014年8月12日／同上
カフェ バーンホーフ　2015年6月9日／同上
藍布　2014年6月10日／同上
蝉丸　2014年7月1日／同上
自然菜食屋 ナイヤビンギ　2014年4月15日／同上
インドカレーSOL　2014年11月11日／同上

グリル梵　2013年9月17日／同上
みその橋サカイ　2013年8月6日／同上
やっこ　2013年10月29日／同上
黒門さかえ　2015年11月27日／同上
春雨　2013年12月10日／同上
一芳亭本店　2014年5月20日／同上
淡水軒　2015年7月21日／同上
串かつ ちとせ　2014年12月2日／同上

ビクトリー　2015年3月31日／同上

紫微星　2013年4月23日／同上
ハーランソン　2013年8月27日／同上
ビストロ・ニューオーリンズ　2014年7月22日／同上
雨宿り　2015年2月17日／同上
ひだまり　2015年4月21日／同上
caféことだま　2016年1月5日／同上

一富久　2013年4月2日／同上
三佳屋　2013年6月25日／同上
くろちゃん　2015年10月20日／同上
らーめん菜菜 箕面171店　2013年10月8日／同上
京のおせん処 田丸弥 堀川店　2015年6月30日／同上
炭火焼と鴨鍋の店 おら鴨　2014年10月21日／同上
洋食とワインのお店 浅井食堂　2016年2月16日／同上
立呑処 藤よし　2015年1月6日／同上
みな美　2014年3月16日／同上
コミュニティキッチン結良里　2015年9月29日／同上
れすとらん風月　2014年1月7日／同上

北龍、甘党・喫茶ハマヤ、ふなまち、出町ろろろは書き下ろし

あんパン　2013年年7月26日／新潟日報・甘口辛口
おでん　2013年7月31日／同上
コロッケ　2013年7月30日／同上
鰻　2013年8月1日／同上
おやつ　2013年8月2日／同上
豆腐　2013年8月7日／同上

ビール、ズイキ、味噌汁は書き下ろし

井上理津子（いのうえ・りつこ）
1955年奈良市生まれ。タウン誌記者を経て、フリーに。長く暮らした大阪から2010年に東京に引っ越すも、たびたび帰阪し、町の味な店を訪ね歩いている。著書に『大阪 下町酒場列伝』『旅情酒場をゆく』（以上、ちくま文庫）、『新版 大阪名物』『関西名物』（ともに共著、創元社）、『遊廓の産院から』（河出文庫）、『さいごの色街 飛田』（筑摩書房／新潮文庫）、『葬送の仕事師たち』（新潮社）、『親を送る』（集英社インターナショナル）などがある。

関西かくし味

2016年4月5日　初版第一刷発行

著者　井上理津子

発行者　三島邦弘
発行所　（株）ミシマ社
郵便番号152-0035
東京都目黒区自由が丘2-6-13
TEL 03-3724-5616　FAX 03-3724-5618
e-mail　hatena@mishimasha.com
URL　http://www.mishimasha.com
振替　00160-1-372976
制作　（株）ミシマ社 京都オフィス

装画・挿絵……奥村門土
装丁・本文レイアウト……矢萩多聞
組版……有限会社エヴリ・シンク

印刷・製本　株式会社シナノ

ISBN: 978-4-903908-69-4

好評既刊

飲み食い世界一の大阪
～そして神戸。なのにあなたは京都へゆくの～

江 弘毅

**「『人より損をしたくない』などと考えていては、
結局ロクでもないもんしか口にできない」**

「うまいものがうまいように食える街」大阪、そことはちょっと違う京都と神戸。三都の「街的」を綴った、極上の21篇。

ISBN978-4-903908-40-3　1600円

人生、行きがかりじょう
全部ゆるしてゴキゲンに

バッキー井上

人は、こういうふうに生きていくこともできる。

「事実は小説よりも奇なり」を地で行く日本初の酒場ライター・バッキー井上。語り下ろしによる初の自伝的エッセイ。

ISBN978-4-903908-45-8　1500円

シェフを「つづける」ということ

井川直子

10年で奇跡　30年で伝説

2000年代、シェフを夢見てイタリアに渡った若者たちが、不景気とそれぞれの人生の現実に直面し苦悩する10年を追う。

ISBN978-4-903908-58-8　1800円

（価格税別）